나는 왜 사소한 것에 목숨을 거는가

나는
왜 사소한 것에
목숨을 거는가

어리석은 행동을 바로잡을
인생반전 필살기
프로젝트

한창욱 지음

정민미디어

내가 사소한 것에 목숨 거는 이유

하나, K의 진실

K는 10억 남짓한 돈을 운용하는 주식투자가다. 나는 그의 오피스텔을 방문했다가 매매 과정을 지켜보았다. 1억 원 남짓한 주식을 사기로 결정하는데 5분도 채 걸리지 않았다. 그가 이렇게 짧은 시간에 결정한 주식을 보유하는 기간은 평균 보름이었다.

장이 끝난 뒤 마트에 갔다. 근래 머리카락이 빠진다면서 새로운 샴푸를 선택하기까지 무려 30분 넘게 고민했다. 1억 원 원어치 주식을 사는데 5분도 고민하지 않더니, 1만 원짜리 샴푸 하나 고르는데 30분 넘게 고민하다니, 이해할 수 없었다.

"원래 바뀌어야 정상 아냐?"

"주식은 내가 전문가지만 샴푸는 비전문가잖아. 그러니 고민하는 게 당연하지."

K는 당연하다는 듯이 말했지만 사실은 그 반대였다.

주식은 아무리 고민해도 잘 모르는 데다 변수도 많기 때문에, 결정하는데 시간이 오래 걸리지 않았다. 반면 샴푸에 대해서는 나름 공부를 많이 했는지 다양한 지식을 갖고 있었고, 이것저것 비교하다 보니 결정하기까지 많은 시간이 소요됐다.

파킨슨(Parkinson)의 '사소함의 법칙'이라는 게 있다. 별 것도 아닌 사소한 결정을 내리는 데는 어처구니없을 정도로 많은 시간을 할애하지만, 정작 중요한 결정에는 비교도 안 될 만큼 적은 시간을 들인다는 것이다.

어떻게 해서 이런 일이 빚어지는 걸까?

중요한 일은 어려워 보이는 데다 주식 투자처럼 불확실해서 시간을 투자해도 정확한 계산이 불가능하다고 여기는 반면, 사소한 일은 만만해 보여서 시간을 투자하면 투자할수록 정확히 계산해 낼 수 있을 것 같기 때문이다.

둘, 어머니의 심리

어릴 적 어머니는 '절약의 여왕'이었다. 특히 전기료나 수도료가 한 푼이라도 헛되이 나가는 걸 용납하지 않았다. 아버지와 자식들 뒤를 그림자처럼 따라다니며 전기를 껐고, 수돗물도 아껴 쓰라고 쉴 새 없이 잔소리를 퍼부었다.

그러던 어느 해 겨울이었다. 다른 집들은 마당의 수도가 동파되는 걸 막기 위해서 가는 물줄기가 흘러내릴 정도로 살짝 틀어놓았는데, 어머니는 수돗물이 단, 한 방울이라도 헛되이 낭비되는 걸 용납하지 못했다. 대신 솜과 헌옷가지로 수도를 친친 동여맸다.

어머니의 노력에도 불구하고 마당의 수도는 얼어 터졌고, 결국 어머니는 눈물을 머금고 수도 요금보다 수백 배 더 비싼 수리비를 지불해야만 했다.

그렇다면 어머니는 왜 그토록 사소한 것에 목숨건 걸까?

그 이유는 두 가지로 해석할 수 있다.

첫 번째는 경제적 측면에서의 절약이다.

수도료와 전기료는 노력한 만큼 절약할 수 있다. 비록 푼돈이지만 달리 수입이 없던 어머니가 할 수 있는, 소극적인 의미에서의 경제 활동이었다.

두 번째는 심리적 측면에서의 절약이다.

사소한 무질서를 방치하면 전체가 무질서해질 수 있다는 '깨진 유리창의 법칙'처럼, 푼돈이 새는 것을 막아야 목돈이 새는 것을 막을 수 있을 거라는 막연한 기대 심리가 담겨 있었다.

만약 어머니에게 다른 수입원이 있었다면 어땠을까? 전기와 수돗물을 아끼기 위해서 그토록 치열하게 사투를 벌이지는 않았으리라. 어머니가 사소한 것에 목숨 건 이유는 경제적으로 어려운 현실을 타개할 수 있는 다른 방법을 찾아내지 못했기 때문이다.

셋, 게임에 목숨을 건 L대리

대기업에 근무하는 그는 요즘 잠이 부족하다. 7시 30분에 퇴근하고 나면 곧바로 PC방으로 직행한다. 간편한 인스턴트 음식으로 저녁을 해결하면서 게임을 즐긴다. 밤 열한 시까지는 귀가하려 하지만 게임에 몰두하다 보면 한 시를 훌쩍 넘기기도 한다. 주말에는 등산 간다고 아내에게 거짓말하고는 PC방으로 직행한다.

특히 주말에는 게임을 해도 마음이 편하지 않다. 세 살 된 아들과 십 개월 된 딸과 씨름하고 있을 아내가 자꾸만 눈에 밟히기 때문이다.

L대리는 원래 게임광은 아니었다. 중학교 때 잠시 게임에 빠지기도 했지만 고등학교에 입학하면서부터 완전히 끊었다. 그가 다시 게임에 빠져든 것은 이 년 전부터였다.

삶이 안정을 찾고 나자, 목표가 한순간에 사라져 버렸다. 대학을 졸업하면서 품었던 부자의 꿈도, 입사하면서 품었던 사장의 꿈도 풍선처럼 허공으로 훨훨 날아갔다. 현재의 삶에 안주하게 되자 알 수 없는 불안감이 밀려들었다.

L대리는 그 불안감을 해소하기 위한 방편으로 게임을 시작했고, 게임을 하다 보니 점점 깊이 빠져서, 마침내 게임에 목숨 걸 지경까지 이른 것이었다.

행동에는 반드시 이유가 있다

사소한 것에 목숨을 걸면 작은 것을 취하는 대신 큰 것을 잃게 된다. 인생은 선택의 연속이다. 우리는 '순간의 즐거움'과 '기대감과 성취감으로 가득 찬 즐거움' 중에서 하나를 선택해야 한다. 항해중인 배를 동경의 눈으로 바라볼 것인지, 배를 타고 바다를 항해할 것인지.

사소한 것에 목숨을 거는 이유는 여러 가지다. 다수의 사람들은 삶의 목표가 아예 없거나, 목표가 너무 높아서 비현실적으로 느껴지기 때문에 사소한 것에 집착한다. 사소한 것에 집착하면 할수록 인생 자체가 작아지고 초라해진다.

성공하는 사람들은 대범하다. 해야 할 일이 뚜렷하기 때문이다. 그들이 목숨을 거는 것은 네 가지로서 목표·시간·인맥·열정이다. 확실한 목표를 세우고, 시간을 유용한 곳에 사용하며, 인맥과 함께 즐기며, 열정적으로 하루하루를 살아간다.

이 책은 인생 반전을 위한 네 가지 프로젝트를 구체적으로 제시하고 있다. 원하는 삶으로 바꾸기, 즐거운 삶으로 바꾸기, 가치 있는 삶으로 바꾸기, 행복한 삶으로 바꾸기.

인생은 오늘 내가 바꾸지 않으면 평생 그렇게 살아간다. 열에 아홉은 그렇게 살다가 죽는다. 현재의 내 인생은 이미 완성된 인생, 그 자체로 보아야 한다. 한 번뿐인 인생인데 이대로 죽기 억울하다면, 나도 한번 멋지게 살아보고 싶다면, 사소한 것에 목숨 걸지 마라.

더 이상 미루지 말고, 달아나지 말고, 이 자리에서 지금 당장 선택하라.

인생의 반전을 꾀할 것인가, 지금처럼 살다가 죽을 것인가?

| CONTENTS |

CHAPTER 1

원하는 삶으로 바꾸기 프로젝트

때가 되면 모든 것이 분명해진다. 시간은 진리의 아버지다.
_ 타블레

시간은 누구에게나 공평하게 주어지는 자본금이다.
이 자본금을 잘 이용하는 사람이 승리자가 된다.
_ 아뷰난드

내 목숨 값은
얼마일까

사람들은 어떤 물건이든지간에 가치를 따지기를 좋아한다. 가치가 높은가, 낮은가에 따라서 놓이는 위치는 물론이고, 대하는 태도 또한 달라진다. 그러나 생명의 가치를 따지는 사람은 많지 않다. 개나 소나 다 갖고 있고, 저마다 책정하는 가격이 다르기 때문이다.

그래도 한번쯤은 냉정하게 생명의 가치를 따져 볼 필요가 있다. 만약 인간의 생명을 돈으로 환산한다면 얼마쯤 될까?

먼저 나를 둘러싼 주변 사람들의 목숨 값부터 알아보자. 영국 행복 경제학자인 앤드류 오스왈드(Andrew Oswald) 팀은 1만 명의 영국인을 대상으로 여러 해에 걸쳐서, 친척이나 지인이 사망할 경우 정신적인 고통을 상쇄시키기 위해 얼마의 보상이 필요한지를 조사했다.

연구 결과 사망 이전의 정신적 행복 수준으로 돌아가기 위해서는 배우자의 경우 연평균 22만 달러가 필요했다. 자식은 11만 8천 달러, 부모는 2만 8천 달러, 친구는 1만 6천 달러, 형제는 2천 달러 수준이었다.

그렇다면 현대인의 목숨 값은 얼마나 할까?

2010년 미국 환경보호청은 조지 부시 대통령 시절 680만 달러였던 생명의 가치를 910만 달러(100억 원)로 책정했다. 반면 식품의약청은 790만 달러, 교통부는 610만 달러로 책정하였다. 통계적 생명 가치로 불리는 이 액수는 각종 규제 정책을 검토할 경우에 기준이 된다. 경제적인 비용과 생명 가치를 비교해서 생명 가치가 더 높을 경우, 규제는 강화된다.

물론 이것은 미국인의 목숨 값이다. 아프간 전쟁에서 미군은 오폭이나 자신들의 명백한 과실 등으로 발생한 민간인 희생자에게 지불하기 위해서 책정해 놓은 가격은 2,500달러에 불과하다.

이번에는 다음 글을 읽기 전에, 잠깐 눈을 감고 내 목숨 값을 한번 책정해 보자. 내 생명은 과연 얼마의 가치가 있을까?

앞에서 '기준가격'으로 910만 달러가 제시되었으니 아마도 그에 버금가는 어마어마한 액수를 책정했으리라. 그렇다면 냉정하게 현실로 돌아와서 제3자 입장에서 본 내 목숨 값은 얼마나 될까?

현대인은 비행기 사고나 폭격에 의해서 죽을 확률보다는 자동차 사고로 죽을 확률이 높다. 그러므로 자동차 보험금에서 평균적인 목숨 값을 찾아보자.

2011년도 자동차 대인사고로 보상이 종결된 사망자는 4,621명이었고, 지급된 보험금은 평균 1억 486만 원이었다. 이것이 바로 현실이다. 생명의 가치는 내 입장에서 보면 책정이 불가능할 정도로 높겠지만 세상의 입장에서 본다면 고작 1억 486만 원에 불과하다.

나에게 목숨은 단, 하나뿐인 더없이 소중한 것이나 세상 입장에서 본다면 흔하디흔한 게 인간이기 때문이다. 따라서 내 생명은 내가 소중하게 다뤄야 한다. 세상이나 다른 사람의 손에 맡겨 놓으면 절대로 제값을 받지 못한다.

마태복음 16장 6절의 말씀을 기억하라.

"사람이 온 세상을 얻는다 해도 제 목숨을 잃으면 무슨 소용이 있겠는가? 사람의 목숨을 무엇과 바꾸겠는가?"

내가 세상을 하직하기 위해 눈을 감는 순간, 찬란했던 세상도 더 이상 빛나지 않는다. 다소 이기적으로 들릴 수도 있겠지만, 세상이 빛나는 이유는 내 생명이 살아 숨 쉬고 있기 때문이다.

그리스 신화에는 인간의 운명을 좌지우지하는 세 명의 여신이 등장한다. 제우스와 테미스 사이에서 태어난 세 자매는 베틀 앞에서 베를 만지며 살아간다. 그녀들은 각자 하는 일이 정해져 있다.

막내 클레토는 인간에게 부여된 생명의 실을 베틀에 감는다. 둘째 라케시스는 생명의 실을 헝클어뜨리기도 하고, 배배 꼬기도 하고, 때로는 팽팽하게 펴기도 한다. 장녀 아트로포스는 둘째로부터 받은 생명의 실을 돌리다가 어느 한순간에 가위로 싹둑 잘라버린다.

인간의 운명은 이렇게 세 자매의 손에 좌지우지된다. 클레토의 손에 태어나서, 라케시스에 의해서 일희일비하다가, 아트로포스에게 어느 날 갑자기 죽임을 당한다.

'생명의 실'이란 인간의 생명이요, 시간이다. 인간은 언젠가는 죽어야 하는 운명을 타고 났다. 여기서 우리는 '반드시 죽는다.'는 사실에 주목해야 한다. 인간이 죽는다는 사실은 다들 알고 있다. 그럼에도 불구하고, '나도 죽는다.'는 보편적인 진리를 뚜렷하게 인식하고 살아가는 사람은 많지 않다. 나도 언젠가 죽기는 죽겠지만 아직 멀었다는 막연한 생각 속에서 하루하루를 살아간다.

우리는 죽음의 씨앗이 내 몸 안에서 무럭무럭 자라나고 있다는 사실을 자각해야 한다. 그래야만 생명의 가치를 깨닫고, 가치 있는 삶을 살 수 있다. 사소한 것에 집착하고 있을 시간적인 여유가 없다.

'인생'이란 태어나서 죽을 때까지의 과정을 말한다. 그 과정은 실처럼 길게 이어진 시간으로 연결되어 있다.

그렇다면 과연 시간이란 무엇일까?

의미 없는 시간과
의미 있는 시간

시간은 공간 속에서 일어나는 사물의 변화를 측정하기 위한 개념이다. 백과사전에서는 시간을 '과거로부터 현재를 통해 미래로 움직이는 사건들의 연속체'라고 정의하고 있다.

달력이나 시계가 없던 시절에는 해와 달과 같은 천체의 움직임을 통해서 세월의 변화를 측정했고, 일상에서는 사건이 일어나는 순서로 시간의 흐름을 측정했다. 따라서 시간 관리란 단순히 시간을 아껴쓰기 위함이 아니라, 아직 발생하지 않은 사건을 합리적으로 관리하기 위함이다.

'시간 관리'에 대해서는 많은 철학자들이 자신의 생각을 밝히고 있다. 그 이전부터 시간을 돈에 비유한 철학자들이 더러 있었지만 시간을 투자의 개념으로 정립한 사람은 로마시대의 철학자인 루시우스 아네우스 세네카이다. 그는 아포리즘 〈삶의 짧음에 대하여〉에서 '인생의 시간은 돈만큼 소중한 재화'라며 이렇게 충고한다.

"그대가 제대로 이용할 줄만 안다면 충분히 길다. 인생의 시간을 낭비하지 말고, 수익을 남길 수 있는 곳에 투자하라."

세네카의 시간에 대한 생각은 훗날 미국 건국의 아버지인 벤저민 프랭클린으로 하여금 'Time Is Money'라는 확고한 신념을 갖게 한다.

그는 시간을 유용하게 사용하고 가치 있는 인생을 살기 위해서, 22세 때 13개 항목으로 된 인생의 가치관을 세웠다. 절제 · 침묵 · 질서 · 결단 · 절약 · 근면 · 성실 · 정의 · 중용 · 청결 · 평정 · 순결 · 겸손인데, 자신의 생활을 13주 단위로 나누어서 매주 1개의 항목에 집중했다. 그는 시간을 가치 있는 곳에 사용하기 위해서 평생을 고심하며 살았다.

아이작 뉴턴은 시간은 우주 어디에서나 같은 속도로 흘러간다는 '절대시간'을 주장했다. 그는 저서 〈프린키피아〉에서 "수학적이며 진리적인 절대시간은 외부의 것과 상관없이 그 자체로 흐른다."고 주장했다. 그러나 아인슈타인은 특수 상대성이론을 통해서 뉴턴의 이론을 뒤집고 '상대시간'을 주장한다. 시간은 신축적이고 상대적이어서, 중력이 센 곳일수록 시간은 느리게 흘러간다는 것을 증명했다.

아인슈타인은 기자들로부터 상대성이론을 이해하기 쉽게 설명해 달라는 요청을 받자, 이렇게 말했다.

"미인과 함께 있으면 1시간이 1분처럼 느껴지지만 뜨거운 난로 위에서는 1분이 1시간보다 길게 느껴진다."

아인슈타인의 상대시간을 극적으로 보여주는 흥미로운 영화가 있다. 세계적인 거장 8명이 각자 제작한, 10분 남짓한 단편영화를 모아놓은 〈텐 미니츠 첼로〉에는, 마이클 레드포드 감독의 '별에 중독되어'라는 단편 영화가 실려 있다.

8광년 동안의 긴 여행을 마치고 우주 비행사는 2046년 지구로 돌아온다. 지구는 80년의 세월이 흘러 있지만 그의 신체 나이는 단지 10분이 흘렀을 뿐이다. 그는 모든 게 변한 거리를 지나서 집으로 찾아가니, 10살이었던 아들이 90살 노인이 되어서 그를 기다리고 있다. 얼굴에 검버섯이 핀 임종 직전의 백발노인이 중년 남자 앞에서 눈물을 흘리며 '아빠, 사랑해요!'라고 말하는 장면은 낯설음을 넘어서 기이하기까지 하다.

'상대시간'은 아인슈타인에 의해서 증명되었지만 그 전에 없었던 개념은 아니다. 헬라어에는 시간을 표현하는 두 가지 개념인 크로노스(chronos)와 카이로스(kairos)가 있다. 크로노스가 모두에게 동일하게 적용되는 객관적이고 절대적인 시간이라고 하면, 카이로스는 개인적인 체험에 따라서 시간의 길이가 변하는 주관적이고 상대적인 시간이다.

그리스 신화에서 제우스의 아버지로 등장하는 크로노스는 자신의 자식마저도 삼켜버리는 공포의 대상이다. '세월은 모든 것을 삼켜버린다'는 사실을 상징적으로 보여 준다.

카이로스는 제우스의 아들이다. 이탈리아 북부 도시 토리노 박물관에 가면 카이로스 조각상을 볼 수 있다. 기원전 4세기 경, 그리스의 조각가 리시포스가 조각한 것으로 추정되는 조각상 아래에는 다음과 같은 문구가 새겨져 있다.

"내 앞머리가 무성한 이유는 사람들로 하여금 내가 누구인지 금방 알아차리지 못하게 하면서 나를 발견했을 때는 쉽게 붙잡을 수 있도록 하기 위함이며, 내 뒷머리가 대머리인 이유는 내가 지나가고 나면 다시는 나를 붙잡지 못하게 하기 위함이며, 발에 날개가 달린 이유는 최대한 빨리 사라지기 위함이다. 손에 저울을 들고 있는 이유는 저울을 꺼내 정확히 판단하라는 의미이며, 날카로운 칼을 들고 있는 이유는 칼같이 결단하라는 의미이다. 나의 이름은 '기회'이다."

카이로스는 '기회의 신'으로 불리기도 하지만 '시간의 신'으로 불리기도 한다. '시간'이 곧 '기회'인 셈이다.

우리가 역사에서 배우는 인류의 시간은 나와 상관없이 흘러간 '크로노스'의 시간이다. 반면 내가 몸으로 부딪치며 살아가는 시간은 '카이로스'의 시간이다. '크로노스'가 절대적이고 수동적이고 무의미한 시간이라고 한다면 '카이로스'는 상대적이고 능동적이고 유의미한 시간이라고 할 수 있다.

시간은 사건의 연속이다. 따라서 현명한 시간 관리란 사건이 흘러가도록 놓아두는 것이 아니라, 내가 적극적으로 개입해서 능동적으로 사건을 관리함을 의미한다. 의미 없는 시간에 의미를 부여하는 것이다.

그렇다면 사건을 어떤 순서에 의해서 관리해야 하는가?

이 물음에 대한 답을 내리기 위해서는 먼저 '어떻게 인생을 살아갈 것인가?'에 대해서 진지하게 생각해 봐야 한다.

어떻게 인생을
살아야 하나

주말에 해야 할 일이 두 가지가 있다. 하나는 유치원 다니는 딸아이의 학예회 발표를 보러 가는 일이고, 다른 하나는 회사 일로 출장을 가야 한다. 가장 좋은 방법은 학예회 발표를 본 뒤에 출장을 가는 것이지만 비행기 시간과 겹쳐서 현실적으로 불가능하다. 둘 중 하나를 택해야 한다면 무엇을 택할 것인가?

인생을 어떻게 살 것인가?

마음속으로 먼저 답을 정해 보자.

만약 이런 상황이 익숙하다면 시간 관리를 전혀 해 오지 않았다는 고백과도 같다. 시간 관리를 꾸준히 해 온 사람이란 이런 난처한 상황에 자주 처하지는 않는다. 시간 관리의 목적 자체가 의미 있는 삶을 살기 위해서, 사건을 체계적으로 관리하는 일이기 때문이다.

그러나 이런 돌발적인 상황은 흔하지는 않지만 살다 보면 가끔 발생한다. 학예회 발표는 예정에 잡혀 있던 일이라 하더라도, 출장이 갑작스레 잡히다 보면 둘 중에 하나를 선택해야 하는 상황에 놓이게 된다. 여기에서 어느 쪽을 선택하느냐는 좁게는 '인생에서 우선순위가 무엇인가?', 넓게는 '어떻게 인생을 살아갈 것인가?'에 대한 대답이다.

'인생을 어떻게 살 것인가?'는 고대 때부터 논쟁의 씨앗이었다. 에피쿠로스 학파였던 시인 호라티우스는 이렇게 말한다.

"행복하게 살라! 단지 그대 인생이 얼마나 짧은지를 기억하라."

반면 스토아 학파였던 세네카는 시간을 잘게 쪼개서 사용하면서, 가치 있는 삶을 살 것을 주문하고 있다. 그렇다면 우리는 과연 어떻게 살아야 행복하면서도 가치 있는 인생을 살 수 있을까?

여기에 대한 답은 아직도 분명하지 않다. 수많은 세월이 흘렀지만 지금도 논쟁중이다. 수많은 현인들이 머리를 맞대고도 답을 내리지 못하는 이유는 인간이 저마다 처한 상황이 다르고, 욕구 또한 제각각이기 때문이다. 예를 들면 사흘 굶은 사람에게 행복은 음식이고, 가치 있는 인생은 굶주린 이들과 음식을 함께 나눠먹는 일이다. 부자지만 항상 시간에 쫓기는 사람에게 행복은 휴식이고, 가치 있는 인생은 하고 싶은 일을 하며 자유롭게 사는 것이다.

저마다 처한 상황이 다르고 욕구가 다르다 하더라도 한 가지 공통점은 있다. 인간은 누구나 행복을 추구한다는 점이다. 행복 추구적인 면에서 본다면, 다수가 대체적으로 수긍하는 내용은 세 가지다.

● 하나, 한 번뿐인 인생이니 하고 싶은 일을 하며 살아라. (임종 직전

에 돌아보아도 후회하지 않을 삶을 살아라.)

- 둘, 풍부한 체험을 하라. (체험은 단조로운 인생을 다채롭게 하고, 인생을 풍요롭게 한다.)
- 셋, 선행을 베풀며 살아라. (선행은 베푸는 그 자체만으로도 행복감을 느끼게 되고, 인생의 가치가 높아진다.)

이 세 가지를 충분히 고려한 뒤에 '나는 인생을 어떻게 살 것인가?'에 대한 답을 내린다면 훗날 땅을 치며 후회하는 일은 없으리라.

무슨 일을 하며 살 것인지 방향을 정했다면 그 일을 해야 하는 사명감을 적어보자. 장황하게 써도 되지만 간략하게 한 줄로 적어도 된다. 40대 의류 사업가인 K씨의 사명감은 '실용적이고 아름다운 옷을 만들어 사람들을 기쁘게 한다.'이다.

지혜롭게 인생의 우선순위 정하기

사명감을 정했다면 삶의 우선순위를 정해야 한다. 인생에서 우선순위는 왜 필요할까?

국제항공협회(IATA) 조사에 따르면 비행기 사고는 120만 비행에 1건 정도다. 비행기 사고로 죽을 확률보다 자동차 사고로 죽을 확률이 15~30배 더 높다. 그럼에도 불구하고 우리가 비행기 사고가 잦다고 생각하는 까닭은 전 세계적으로 일어나는 항공사고를 뉴스를 통해 모두 접하기 때문이다.

비행기에서 사고가 나게 되면 기장, 승무원, 승객 모두가 당황하게 된다. 좁은 비행기 안에서 서로 먼저 살겠다고 다투다가는 최악의 참사가 빚어질 수도 있다. 사고가 났을 때는 일단 승무원의 지시에 따라야 한다. 만약의 사태에 대비해서 승무원들은 120시간 동안 안전 훈련과 관련된 20여 개의 교과목을 이수했고, 실기와 이론 심사 과정을 통과했다. 또한 매년 13시간씩 정기 훈련을 받아 왔다.

국제항공운송협회는 만약의 사고에 대비한 매뉴얼을 준비하고 있다. 비행기 사고는 크게 비상착륙, 불이 났을 때, 물에 빠졌을 때 등으로 분류한다. 항공기 사고에는 '골든타임(Golden Time) 90초' 룰이라는 게 있다. 사고 발생 직후 90초 안에 비행기에서 벗어나야만 생존율이 높아진다는 것이다.

비행기가 지면이나 물체에 충돌했을 경우, 승객들은 죽음에 대한 공포감으로 공항상태에 빠지게 된다. 1분 정도 지나면 화재가 발생해 유독가스 나오기 시작하고, 90초가 지나면 승객들은 질식해 쓰러지게 된다. 사고 직후 90초가 승객의 생사를 좌우하기 때문에 대다수 항공기는 전체 비상구의 반만 열린 상태에서도 90초 안에 모든 승객들이 빠져 나올 수 있도록 비상구와 복도 등이 설계되어 있다.

사고가 나면 승무원들은 이성을 찾고, 평상시 훈련 받은 매뉴얼대로 행동해야 한다. 안내방송을 통해서 비행기가 불시착할 때의 충격을 방지하기 위한 자세를 잡도록 외친 뒤, 비상구의 위치, 탈출 요령 등을 설명한다. 비행기가 멈추면 재빨리 비상구를 개방하고 비상탈출 미끄럼대를 펴서 탈출로를 확보한 뒤, '자세 낮춰' '발목 잡아' '머리 숙여' 등의 구호를 연속으로 외치며 탈출을 돕는다.

만약 사고 발생시 승무원에게 정해진 매뉴얼과 우선순위가 없다면 어떻게 될까? 순식간에 항공기 안은 지옥을 방불케 하리라. 상상만 해도 끔찍하지 않은가.

우리가 인생의 목표를 정하고 우선순위를 정해야만 하는 이유다.

행복하게 살라!
단지 그대 인생이 얼마나 짧은지를 기억하라.

물론 가정, 신앙, 일, 친구, 이웃 등등 모두가 중요하다. 하지만 중요하다고 해서 그들 사이에서 발생하는 수많은 사건들을 동시에 처리하며 살아갈 수는 없다. 만약 그랬다가는 항공기 사고 못지않은 끔찍한 스트레스에 시달리게 된다.

비행기 사고시 승무원의 목표는 승객의 안전이고, 인생을 살아가는 목표는 행복 추구다. 어떤 상황에서도 내가 행복해지는 쪽을 선택하는 습관을 지녔다면 우선순위를 정하고 실천하기가 한결 편하다. 생각하는 대로 현실을 살아가면 되기 때문이다.

그러나 생각하는 대로 실천하며 살아가는 사람은 많지 않다. 대다수는 생각과 현실 사이에 괴리감을 느끼며 살아간다. 문제는 괴리감이 클 때 발생한다. 이런 경우는 아무리 열심히 살아도 불행하다.

생각과 현실 사이에 괴리감이 발생하는 이유는 목표치가 내 능력 밖이거나 실천은 하지 않고 생각만 하기 때문이다. 이런 경우일수록 반드시 우선순위를 정한 뒤, 실천하도록 노력해야 한다. 그래야만 불행한 삶에서 벗어나 점점 행복해질 수 있다.

직장인의 경우를 예로 들어보자. 회사에서 퇴근 후 잔무를 처리하다가 시계를 보니 저녁 아홉 시다.

'최소한 일주일에 세 번은 아내와 함께 저녁을 먹기로 했는데 오늘도 틀렸군. 일보다도 가정에 충실해야 하는데….'

만약 이런 상황이라면 일에 대한 성취감을 얻을 수 없다. 또한 가족을 위해 밤늦게까지 일했지만 집에 돌아가서도 아내에게 떳떳할 수 없다. 이럴 때는 우선순위를 정해 놓으면 마음이 평온해진다. 현실과 이상 사이에 갭이 존재한다면 예외조항을 두어도 좋다.

무신론자인 40대 의류 사업가인 K씨의 경우를 살펴보자.

사명감 실용적이고 아름다운 옷으로 세상 사람들을 행복하게 한다.

가정 나는 가정에 충실한 훌륭한 가장이다.

- 내 입장보다는 아내의 입장에서 생각한다.
- 특별한 일이 없는 한 저녁 식사는 가족과 함께 한다.
- 아들과는 자주 대화하고, 일주일에 한 시간은 함께 운동한다. (예외 조항 : 회사 업무가 일시적으로 바빠져서 가정에 충실할 수 없을 경우, 충분한 대화를 통해서 이해시킨 뒤 협조를 구한다.)

건강 나는 건강하고 활기에 넘친다.

- 일주일에 5일은 1시간씩 산책해서 혈압을 90~140이하로 낮춘다.
- 음식은 싱겁게 먹고, 과식이나 과음은 최대한 피한다.
- 저녁 8시 이후에는 음식을 자제해서, 체중을 70킬로 이하로 낮춘다.

일 나는 자상하고 유능한 오너다.

- 직원들의 의견을 최대한 경청한다.
- 업계 현황을 정확히 파악하고, 한 발 앞서 미래를 계획한다.
- 협력업체 직원들도 내 가족처럼 대한다.

K씨의 우선순위는 가정, 건강, 일 순서다. 이렇게 우선순위를 정해놓으면 어떤 상황에서도 차분하게 빠른 결정을 내릴 수 있다. 앞의 사례를 K씨에게 물었더니 그는 이렇게 답했다.

"젊었을 때는 일이 우선이었습니다. 그 다음이 가정이었고, 건강이 맨 꼴찌였죠. 삼십 대였다면 분명 출장을 택했을 겁니다. 그 때는 내가 열심히 일해야 가족이 행복해질 수 있다고 믿었거든요. 그런데 마흔이 넘으면서부터 생각이 바뀌더라고요. '열심히 일하는 진짜 이유가 가족의 행복을 위해서라면, 더 이상 가족의 행복을 등한시하지 말자!'는 생각이 어느 날 갑자기 확 밀려드는 거예요. 50대에는 생각이 또 어떻게 바뀔지 모르지만 지금은 일과 가족이 충돌할 때는 가족이 우선입니다. 그러나 대개는 결정을 내리기 전에 미룰 수 있는 일과 미룰 수 없는 일로 분류합니다. 딸의 학예회 참석은 미룰 수 없지만 출장은 미룰 수 있기 때문에, 저라면 학예회에 참석하겠습니다."

인간은 살아 있는 한 계속 생각하는 동물이다. 생각은 어떤 계기나 주변 환경의 변화에 따라서 바뀌게 마련이다. 인생의 우선순위를 정해 놓는다 하더라도 그것이 영원히 지속되지는 않는다. 세상은 빠르게 변화하기 때문에 우선순위 또한 바뀌는 게 자연스러운 현상이다.

나중에 다시 바꿀지라도 일단은 인생의 목표와 우선순위를 정해 놓을 필요가 있다. 그래야만 밀려드는 사건을 효율적으로 처리해서 시간을 절약할 수 있고, 궁극적으로는 원하는 인생을 살아나갈 수 있다.

또한 사소한 것들에 발목 잡히지 않는다.

'하고 싶은 일'과
'할 수 있는 일'

얼마 전, 대학 졸업반이라는 학생에게 메일을 한 통 받았다.

"…저의 꿈은 연기자였습니다. 연극영화과를 가고 싶었지만 부모님의 강요로 결국 경영학과를 택했습니다. 저는 4년 동안 연극 동아리에서 활동하면서, 연극할 때가 제 인생에서 가장 행복하다는 사실을 깨달았습니다. 졸업이 눈앞으로 다가오자 불면증에 시달리고 있습니다. '한 번뿐인 인생인데 하고 싶은 일을 하며 살아야지? 지금이라도 인생의 목표를 바꿔!'라는 생각과 '취업난 때문에 세상이 난리인데 무슨 엉뚱한 생각을 하고 있는 거야? 불확실한 길보다는 안전한 길을 가는 거야!'라는 생각이 수시로 충돌하고 있기 때문입니다. 선생님, 저는 어떤 길을 가야 하는 걸까요?"

살다 보면 누구나 갈림길에 선다. 프로스트의 〈가지 않은 길〉이라는 시를 떠올리면서 어느 쪽 길을 선택해야 훗날 후회가 적을지 고민하게 된다.

인생은 선택의 연속이다. 대부분 나의 의지로 선택하지만 때로는 나의 의지와는 무관하게 선택을 강요받는다. 직업 선택도 그 중 하나다. 부모 밑에서 한창 자랄 시기에 선택해야 하는 데다 공부 이외에는 다른 경험이 없다 보니, 수많은 학생들이 부모님이 권하는 '전망 좋은 일'과 자신이 막연하게 꿈꿔 왔던 '하고 싶은 일' 사이에서 갈등한다.

하지만 이런 조건 속에서는 현명한 선택을 내릴 수 없다. 전망 좋은 일이란 '전망 좋은 집'과도 같다. 나의 경제적 능력을 전혀 고려하지 않고 단지 전망이 좋다는 이유만으로 집을 살 수는 없는 일이다. '전망 좋은 집'에 자식을 살게 하고 싶은 부모의 마음은 이해하지만 그것은 부모의 욕심일 뿐이다.

직업에는 수요와 공급의 원칙이 적용된다. 전망이 좋아 보여서 수많은 사람들이 선택하다 보면 과잉 공급이 될 수밖에 없다. 그렇게 되면 미래에도 전망이 좋을 거라고 누가 장담할 수 있겠는가.

제대로 된 선택을 하려면 어려서부터 꿈꿔 왔던 '하고 싶은 일'과 나에게 재능이 있어서 '할 수 있는 일'로 분류해야 한다. 심리학적인 측면에서 본다면 '하고 싶은 일'을 선택하는 게 현명하다. 가보지 못한 길에 대한 미련과 후회가 오랫동안 남기 때문이다. 하지만 경제학적인 측면에서 본다면 '할 수 있는 일'을 선택하는 게 현명하다. 하고 싶은 일을 하며 살 때보다 경제적인 안정을 이룰 확률이 높기 때문이다.

가장 바람직한 현상은 '할 수 있는 일'이 '하고 싶은 일'로 바뀌는 것이다. 언뜻 보면 불가능해 보이지만 현실에서는 충분히 가능하다. 인간은 감정의 동물이다. 내가 잘하는 일을 하다 보면 주변에서 칭찬받게 되고, 일을 통해서 성취감을 느끼게 된다. 그러다 보면 점점 빠져들게 되어서, 하고 싶은 일로 바뀐다.

인생은 선택의 연속이다.
대부분 나의 의지로 선택하지만
때로는 나의 의지와는 무관하게 선택을 강요받는다

진화에 '우연'이 개입하듯이, 인생에도 '우연'이 개입한다. 스탠퍼드 대학교의 존 크럼볼츠 교수가 성공한 기업인 1,000명을 대상으로 분석한 자료만 보더라도, 처음 계획했던 대로 성공을 거둔 사람은 25%에 불과하다. 반면 우연한 기회에 성공을 거둔 사람이 무려 75%에 이른다.

이 결과만 보면 성공은 우연히 찾아오는 것처럼 보인다. 그러나 그 내면을 파헤쳐보면 '이상'보다는 '현실'을 선택하는 사람이 훨씬 더 많음을 의미한다. 많은 이들이 '하고 싶은 일'보다는 '할 수 있는 일'을 선택하고, 그들 중에서 새로운 목표를 세워서 열정을 바쳐 일한 사람이 성공한다.

내 주변을 보더라도 '하고 싶은 일'에 초지일관 매달려서 성공한 사람보다는 '할 수 있는 일'을 선택해서 성공한 사람이 좀 더 많다. 결국 성공이란 어떤 일을 하느냐에 달려 있는 게 아니라 얼마만큼의 열정과 의지를 갖고 그 일에 매달리느냐에 달려 있다.

나는 메일을 받고 난감했다. 대학 졸업반이면 전공 수업까지 마쳤을 텐데, 아직도 이런 문제로 고민하고 있다니 시간 낭비가 이만저만이 아니다. 보나마나 대학생활을 하는 동안 생각은 연극 쪽에 가 있었을 테니 전공 수업인들 제대로 들었겠는가. 더 늦기 전에 결론을 내리고 마음의 평화를 찾을 필요가 있다.

마음 같아서는 한시라도 빨리 연극과 취업 중에서 어느 한쪽을 선택하라고 조언해 주고 싶었지만 나 역시 섣불리 결론을 내릴 수 없었다. 학생에 대한 기본 정보가 너무도 부족했기 때문이다.

한동안 고민다가 '나는 어떤 유형의 인간인가?'라는 설문지를 하나 만들어서 보냈다. 학생 스스로 현명한 선택을 하는데 작은 보탬이라도 되기를 바라면서.

나는 어떤 유형의
인간인가

나에게 남다른 재능도 있고, 열정도 있는 데다 '하고 싶은 일'이라면 고민할 이유가 없다. 이런 경우라면 주변에서 반대해도 그 일을 하는 게 바람직하다. 어떤 분야든 간에 정상에만 오른다면 경제적으로는 물론이고, 정신적으로도 행복을 누리며 살 수 있다.

문제는 '하고 싶은 일'을 선택하고 싶은데 재능이 부족하거나 천성이 게으르거나 열정 등등이 부족한 경우다. 이런 경우라면 정상에 오를 수 없기 때문에 주변의 충고에 귀를 기울일 필요가 있다.

간단한 테스트를 통해서 나의 유형을 알아보자. (펜으로 하나씩 체크해 보세요.)

- 인생에서 가장 중요한 것은 '꿈'을 성취하는 것이라고 생각한다.

    a 그렇다　　**b** 그런 편이다　　**c** 아니다

- 평범한 인생보다는 특별한 인생을 살고 싶다.

    a 그렇다　　**b** 그런 편이다　　**c** 아니다

- 하고 싶은 일에 대한 남다른 열정이 있다.

    a 그렇다　　**b** 그런 편이다　　**c** 아니다

- 나는 도전을 즐기는 편이다.

    a 그렇다　　**b** 그런 편이다　　**c** 아니다

- 다른 사람들이 인정하는, 하고 싶은 일에 대한 특별한 재능이 있다.

    a 그렇다　　**b** 그런 편이다　　**c** 아니다

- 나는 진실하고 성실한 사람이다

    a 그렇다　　**b** 그런 편이다　　**c** 아니다

- 나는 남들보다 부지런하다

    a 그렇다　　**b** 그런 편이다　　**c** 아니다

- 나는 집중력이 뛰어나다

    a 그렇다　　**b** 그런 편이다　　**c** 아니다

- 하고 싶은 일을 선택해서 성공할 자신이 있다

    a 그렇다　　**b** 그런 편이다　　**c** 아니다

- 한번 선택하면 후회하지 않는 편이다

    a 그렇다　　**b** 그런 편이다　　**c** 아니다

- 나에 대한 평판이나 시선을 의식하는 편이다

    a 그렇다　　**b** 그런 편이다　　**c** 아니다

- 경제적으로 어려운 상황에서도 잘 견뎌내는 편이다.

    a 그렇다　　**b** 그런 편이다　　**c** 아니다

● 무슨 일이든 일단 시작하면 쉽게 포기하지 않는다.

    a 그렇다　　**b** 그런 편이다　　**c** 아니다

● 사교적인 성격이어서 대인관계를 잘한다

    a 그렇다　　**b** 그런 편이다　　　아니다

점수 계산법 : a 5점　b 3점　c 1점

결과 보기

58점 이상 | 당신은 성취욕이 뛰어난 사람입니다. 주어진 일에 최선을 다해서 일하기 때문에 어느 자리를 가든 환영받습니다. 타고 난 능력도 있고, 사람을 끌어들이는 매력도 지니고 있네요. 자만심만 경계한다면 '하고 싶은 일'을 선택해도 성공 가능성이 높습니다.

46점 ~ 57점 | 당신은 지혜로운 사람입니다. 발전 가능성이 있기 때문에 현재보다도 미래가 더 기대되네요. 좋은 습관을 지니려고 노력하고, 부족한 점을 보완해 나간다면 훗날 크게 성공할 수 있습니다. 그러나 아직은 여러모로 부족하기 때문에 '하고 싶은 일'을 선택한다면 중도에 포기하거나 후회할 수 있습니다.

45점 이하 | 당신은 현실적인 감각을 지닌 사람입니다. 신중한 성격을 지닌 반면 성취욕이 낮고, 열정이 부족하기 때문에 자기계발에 좀 더 박차를 가해야 합니다. '하고 싶은 일'을 선택한다면 훗날 후회할 확률이 높습니다. 이쯤에서 미련을 접고, '할 수 있는 일'을 선택하는 게 바람직해 보입니다.

목표를
정확히 설정하라

시간을 아껴 쓰기 위해서는 목표를 정확히 설정할 필요가 있다. 목표가 정확해야 시간의 흐름을 인지하게 되고, 집중력과 잠재력을 발휘해서 목표를 달성하게 된다. 인생이란 '한 치 앞도 예측할 수 없는 것'이라고 해서 대충 살아가다 보면, 딱히 한 것도 없이 대충 인생을 마감하게 된다.

사격 선수들은 방아쇠를 당기기 전에 최대한 표적에 집중한다. 숨조차 멈추고서 정중앙을 노려보며 방아쇠를 당기지만 대개는 정중앙에서 약간씩 빗나간다. 만약 그들이 표적을 대충 보고서 대충 쐈다면 어떤 결과가 나올까?

성공도 마찬 가지다. 성공하고 싶다면 출발하기 전에 목적지를 정확히 설정해야 한다. '나는 00년도 00월 00일까지 어떠어떠한 사람이 되겠다.'라거나 '나는 00년도 00월 00일까지 무슨 일을 하겠다.'라고 설정하라. 내비게이션에 목적지를 입력하듯이 뇌에다 목적지를 정확히 입력하라.

부산을 가야겠다고 막연하게 생각하고 있으면 부산에 갈 수도 있지만 못 갈 확률이 훨씬 높다. 되돌아보라. 살아오면서 스스로 했던 약속을 얼마나 자주 어겼는지. 수많은 결심과 약속을 했지만 그 중에서 몇 개나 지켰는지.

구체적인 계획 없이 충동적으로 한 약속은 지키지 못하는 게 당연하다. 또 다른 충동이 뇌를 점거하면 이내 시들해지기 때문이다.

그러나 '2019년 12월 12일 오후 10시까지 부산으로 K를 만나러 간다!'라고 목표를 정해 놓으면 약속을 지킬 확률이 높다. K에게도 반드시 가겠다고 약속했으니 다이어리에 적어두고, 고속버스나 열차표를 미리 예매해 두었다가, 약속 시간이 임박해지면 집을 나서서 부산으로 향하게 된다.

목표는 최대한 구체적으로 정하는 게 좋다. 일단 목표가 설정되면 나의 모든 것들—뇌세포, 의식, 잠재의식, 생체 에너지, 등등—이 움직이기 시작한다. 가장 빠른 길을 탐색하고, 안전 속도를 알려 주고, 위험 구간이 나타나면 경고를 보내 준다.

목적지를 정확히 뇌에다 주입한다고 해도 실행 과정은 순조롭지 않다. 인간의 뇌는 내비게이션과 달라서 틈만 나면 한눈을 판다. 심지어는 주로에서 이탈하라고 부추기기도 한다. 어설프게 목적지를 정하고 길을 떠난다면 결과는 뻔하다. 사소한 것들에 사로잡혀 아까운 시간만 허비하다가, 한 번뿐인 인생을 소진하게 된다.

학생들에게 일정한 시간을 주고 작문을 시켜 보면 세 부류로 나뉜다.

첫 번째 부류는 무작정 쓰기 시작한다.

시작은 산뜻하지만 시간이 지날수록 고전한다. 자신이 무슨 내용을 쓰고 있는지 자신조차도 모르기 때문이다.

두 번째 부류는 대충 주제를 정하고 쓰기 시작한다.

뒤로 갈수록 점점 쓰는 속도가 느려진다. 결론을 어떻게 내려야 할지 헷갈리기 때문이다.

세 번째 부류는 주제를 설정하는데 많은 시간을 할애한다.

그런 다음 서론, 본론, 결론에 들어가야 할 내용을 요약해 놓은 뒤 작성하기 시작한다. 글은 제일 늦게 쓰기 시작했지만 가장 빨리 끝내고, 내용 또한 제일 알차다.

글을 쓸 때는 주제를 미리 정하고 써야 하듯이, 인생을 살아갈 때는 목표를 정확히 설정하는 게 좋다. 그래야 시간 낭비를 막고, 원하는 삶을 살 수 있다.

일단
시작하라

목표를 설정했으면 장기 계획, 중기 계획, 단기계획을 세워야 한다. 잘 짜인 계획은 시간이 옆으로 새는 것을 막아 준다.

누구도 한 걸음에 강을 건널 수는 없다. 장기 계획이 강을 건너는 일이라면, 중기계획은 징검다리와 같고, 단기계획은 첫 번째 징검다리에 첫발을 올려놓는 것과 같다. 따라서 단기계획은 당장 실천 가능하게끔 짜야 한다.

예를 들어 목표가 외국의 대학원 진학이라면 그에 따른 구체적인 계획을 세워야 한다. 막연하게 대학원에 진학해야겠다고 생각만 하다가는 못 가게 될 확률이 높다. 2~3년 전부터 미리 계획을 세운 뒤, 하나씩 하나씩 준비해 나가야 한다.

더 공부하고 싶은 분야, 가고 싶은 대학원, 배우고 싶은 교수, 학업 기간 등등을 정하고 학비를 마련하는 한편, 대학원에서 요구하는 GRE(Graduate Record Examination)와 토플 점수를 따야 한다. 대학에서 요구하는 일정한 점수가 확보되면 자기 소개서, 연구 계획서, 에세이, 추천서, 인터뷰 등등을 준비해야 한다.

많은 시간이 소요되는 것은 GRE 점수와 토플 점수다. 일찍부터 계획을 세우고 실천하지 않으면 점수를 따지 못해 결국 계획은 물거품이 된다.

모든 계획을 마련했음에도 불구하고 여전히 사소한 것들에 사로잡혀 있다면, 그것은 계획 자체가 잘못됐음을 의미한다. 제대로 된 계획에는 반드시 '실천'이 들어가 있게 마련이다.

세상 모든 물건에는 용도가 있다. 차는 타고 다니기 위함이고, 계획은 실천하기 위함이다. 계획을 세웠다면 당장 단기계획부터 실천하라. 대학원에 진학할 계획이라면 외국어 학원에 등록하고, 내일부터라도 당장 공부를 시작해야 한다.

사업도 마찬 가지다. 계획만 세워서는 절대로 성공할 수 없다. 집을 나서면 어떻게든 목적지를 향해서 가게 마련이다. 모든 준비가 완벽하게 갖춰지지 않았다고 해서 미리부터 걱정할 필요는 없다.

"계획은 완벽해! 시작만 하면 분명 엄청난 수익을 올릴 수 있을 거야. 그런데 자본금이 부족해서…."

"아이디어는 좋은데 이게 과연 실현 가능성이 있을까?"

"막상 일을 벌였다가 실패하면 어떡하지?"

완벽하게 조건이 맞아떨어지는 시기는 절대로 오지 않는다. 어느 한쪽이 갖춰지면 어느 한쪽이 부족하게 마련이다. 만약 그런 시기가 온다면 그것은 시기가 완벽한 게 아니라 긍정적인 마인드를 지니고 있기 때문이다.

목표를 이루는 것은 게임과 흡사하다. 일단 시작 버튼을 눌러라. 처음부터 확실한 것은 아무것도 없다. 새로운 게임을 접하자마자 마지막 단계까지 가는 사람은 아무도 없다. 부딪치고, 오류를 겪고, 다시 부딪치면서 점점 높은 단계로 올라가듯이 목표 또한 마찬가지다.

무슨 일을 해야겠다고 결정을 내리고 계획을 세웠으면 지금 당장 시작하라!

날씨가 풀리기를 기다리지 마라. 천둥번개가 멈추고 비가 멎기를 기다리지 마라. 날이 훤히 밝기를 기다리지 말고 지금 당장 길을 떠나라. 함께 떠나기로 했던 친구가 마음을 정하고 돌아올 때까지 기다리고 있을 여유가 없다.

세상은 시작하는 자들의 몫이다. 넘어지고 엎어지고 하는 사이에 경험이 쌓여서 점점 성공의 길로 접어들게 된다. 책상 앞에서 생각만 하는 자에게 주어지는 것은 때늦은 후회뿐이다. 프랑스 소설가인 쥘르나르는 생각만 많은 사람에게 이렇게 경고한다.

"게으름에 대한 하늘의 보복은 두 가지가 있다. 하나는 나 자신의 실패요, 다른 하나는 내가 하지 않은 일을 한 옆 사람의 성공이다."

실패는 생각처럼 고통스럽지 않다. 인간은 심리학적으로 자신이 저지른 행동을 합리화시키려는 경향이 있다. 계획했던 일이 실패하면 처음에는 괴로워도, 이내 마음의 평화와 정신적인 안정을 찾기 위해서 자신의 행동을 합리화시킨다.

'돈으로도 살 수 없는 귀한 경험을 얻었어! 그래, 다음에는 정말 잘할 수 있을 거야.'

가치 있는 모든 일에는 실패의 위험이 뒤따르기 마련이다. 그래서

CEO들은 경험을 중시 여기고 경험자를 존중한다. 실패를 경험한 사람은 초보자들이 저지르는 실수를 반복하지 않기 때문이다.

인생은 생각처럼 길지 않다. 하고 싶은 일이 있다면 일단 시작하라!

아무것도 하지 않은 인생보다는 그것이 비록 실패로 끝날지라도 수많은 일에 도전했던 인생이 훨씬 더 가치 있고 아름답다. 꾸준히 두드리면, 문은 언젠가 열리기 마련이다.

시작한 일은
반드시 끝내라

다들 시작은 멋있다. 장대한 목표를 세우고 이십대나 삼십대를 시작하기도 하고, 거창한 계획과 함께 일 년을 시작하고, 의욕에 넘쳐 프로젝트를 시작한다.

하지만 끝을 멋있게 장식하는 사람은 많지 않다. 시작 못지않게 마무리 역시 중요한데 끝은 대충 얼버무리고 만다. 처음 시작할 때의 각오가 쇠퇴하고 계획이 틀어지다 보니 용두사미가 되고 만다.

시작한 일은 일단 매듭을 짓는 게 좋다. 하나의 매듭이 지어져야 뇌도 활성화되고 집중력도 높아진다. 뇌는 하나의 일이 끝나면 장기기억장치에 보관한다. 그러나 끝나지 않은 일은 단기기억장치에 저장해 놓는다. 미완성 상태의 일이 많으면 많을수록 단기기억장치 용량은 늘어날 수밖에 없다.

뇌는 일정한 에너지를 소모하는데, 단기기억장치에서 사용하는 에너지가 늘어나면 다른 기능이 현저히 떨어질 수밖에 없다. 창의력은 물론이고 집중력도 떨어져서 한 시간이면 끝낼 일을 서너 시간씩 붙들고 있게 된다. 업무량이 많은 CEO나 비즈니스맨이 메모를 습관화하는 이유도 단기기억장치 용량을 최대한 줄여서, 뇌의 부담을 덜어주기 위함이다.

워커홀릭 중에는 일을 제대로 매듭 짓지 못하는 사람이 많다. 끝내지 못하는 일은 언젠가는 다시 붙들 수밖에 없다. 의욕을 갖고 처음부터 다시 시작해 보지만 얼마 지나지 않아서 끝을 내지 못한 이유에 봉착하게 된다. 열심히 달렸지만 다람쥐 쳇바퀴처럼 제자리로 되돌아오는 꼴이다.

열심히 일하는데 성과가 낮거나, 죽어라 공부하는데 성적이 오르지 않는다면 나도 이런 유형의 인간은 아닌지 의심해 봐야 한다.

끝을 내려면 적당히 하는 습관부터 버려야 한다. 일을 추진하다 난관에 봉착하면 강하게 밀어붙여 보고, 도저히 방법이 찾을 수 없을 때는 과감히 포기해야 한다. 공부 역시 마찬가지다. 어려운 문제일수록 적극적으로 매달려보고, 도저히 풀 수 없다면 개념 정립이 되지 않았거나 기초가 부족한 상태이므로 일단 포기해야 한다.

일이든 공부든 간에 시작할 때는 마감일을 정해야 한다. 끝을 정할 수 없거나 정하지 않아도 되는 일이라면 아무 이득이 없거나, 해도 그만이고 안 해도 그만인 경우다. 그런 일이라면 아예 시작하지 않는 편이 시간 낭비도 막을 수 있고 정신 건강에도 이롭다. 그러나 일단 시작했으면 정해진 기간 안에 어떤 식으로든 매듭을 지어야 한다.

대나무가 매듭을 지어야 성장하듯 인간도 매듭을 지을 줄 알아야 성장한다. 대나무에게 있어서 매듭은 마디다. 대나무가 부러지지 않고 몇 미터씩 자랄 수 있는 이유는 마디가 있기 때문이다. 키가 큰 대나무는 70개가 넘는 마디를 지니고 있다. 마디는 속이 빈 대나무의 강도를 강화시킨다. 대나무가 비바람에 꺾이지 않는 비결도 매듭에 있다.

경영자는 아랫사람에게 일을 맡길 때 그가 지니고 있는 매듭을 유심히 본다. 매듭이 없는 직원보다는 매듭이 확실한 직원을 선호한다. 매듭이 있다는 것은 고난이 닥쳐도 포기하지 않고 일을 이뤄냈음을 의미한다.

매듭을 잘 지으려면 기간 설정을 현명하게 할 필요가 있다. 기간 설정은 내 능력을 90% 정도 발휘했을 때 이룰 수 있는 정도로 잡는 게 좋다. 내 능력을 과신해서 빠듯하게 일정을 잡으면 며칠 열심히 하다 지쳐서 나가떨어지게 되고, 느슨하게 잡으면 시간적인 여유가 있으니 한동안 방치하거나 게으름을 피우게 된다. 여러 가지 주변 여건을 고려해서 기간을 설정할 필요가 있다.

한 가지 일을 매듭 지으면 최소한 네 가지를 얻게 된다.

첫째, 집중력을 높일 수 있다.

인간의 뇌는 단순한 환경에서 최대한의 능력을 발휘할 수 있다. 뇌는 완결되지 않은 일이나 사건은 잊지 않기 위해서 잔뜩 긴장한다. 마무리를 지어야 뇌가 비로소 긴장을 풀고, 한 가지 일에 집중할 수 있다.

둘째, 성취감을 느낄 수 있다.

힘든 과정을 이겨내고 일을 끝내면 성취감이 밀려온다. 성취감은 자신감을 불러오고, 자신감은 성공을 불러온다. 성취감이야말로 성공의 비결이라 할 수 있다.

셋째, 매듭은 경력이 된다.

　나를 다른 사람에게 알릴 때는 물론이고, 다른 사람이 나를 평가하는 기준이 된다. 매듭을 제대로 짓게 되면 점점 더 큰일이 주어진다.

넷째, 새로운 일을 시작할 수 있는 출발점이 된다.

　어떤 식으로든 일을 매듭짓고 나면 새 일을 하고 싶은 의욕이 생긴다. 새로운 기회란 놀고 있는 사람에게 찾아오는 것이 아니라 일을 끝낸 사람에게 찾아오는 법이다.

자기제어장치를
만들어라

현대 사회는 정보화 사회다. 인터넷의 발달과 SNS의 확산으로 필요한 정보를 손쉽게 얻을 수 있고, 지구 반대편에 있는 사람과 실시간으로 대화를 주고받을 수 있다. 정보화시대에는 이처럼 좋은 점도 많지만 나쁜 점도 많다. 그 중 하나가 목재를 갉아먹고 사는 흰개미처럼 아까운 시간을 야금야금 갉아먹는다는 점이다.

흰개미는 생김새가 개미와 비슷해서 개미라는 이름을 달고 있지만 원래는 바퀴벌레와 가까운 친척이다. 주로 목조 주택 안에서 서식하는데, 나무속에 무수히 많은 굴을 뚫어놓아서 건축물 자체를 위협한다. 멀쩡해 보이는 기둥도 절단해 보면 속이 거의 비어 있는 경우가 많아서 건축주들에게는 골칫거리다.

몇 년 전까지만 해도 사람들은 지하철이나 버스에서 신문이나 책을 읽었다. 그러나 지금은 시험 공부하는 학생 이외에는 대다수가 스마트폰을 만지작거릴 뿐이다.

스마트폰의 보급은 가뜩이나 빠듯한 현대인의 시간을 빠른 속도로 갉아먹고 있다. 구글이 발표한 '아태지역 모바일 앱 보고서 2016'에 의하면 스마트폰 사용률이 91%로 2년 연속 세계 1위를 차지했다. 한국은 스마트폰에 설치하는 앱의 수에서도 53개로 1위를 차지했다.

모바일 시장 조사업체에 따르면 2016년 한국인의 스마트폰 이용 시간은 평균 3시간이며, 청소년의 경우 무려 4.8시간에 이르는 것으로 나타났다.

하루 24시간 중에서 수면 시간, 일하는 시간, 음식을 먹고 배설하는 시간, 씻고 꾸미는 시간 등등을 제외하면, 자유롭게 사용할 수 있는 시간은 얼마 되지 않는다. 그런데 그 중의 대부분을 사소한 일로 낭비하고 있는 셈이다.

날이 갈수록 미디어 기기의 전체적인 이용시간이 늘어나고 있다. 그 이유는 무엇일까? 가장 큰 이유는 기업들이 호기심에 약한 인간의 뇌를 집중 공략하고 있기 때문이다. 광고는 물론이고, 포털에 올리는 기사, 각종 게임, TV 프로그램 등을 제작할 때 현대인의 호기심을 최대한 자극한다. 호기심이 이끄는 대로 끌려가다가는 '바보'가 되기 딱 좋은 세상이다.

20년의 전쟁을 마치고 고향으로 귀향하던 오디세우스가 세이렌 섬을 지날 때, 그는 돛대에 쇠사슬로 자신의 몸을 묶으라고 명령한다. 세이렌의 노래에 홀려서 바다로 뛰어들지 못하도록 하기 위함이다.

심리학에서는 이러한 행동을 '자기제어장치'라고 한다. 원하는 결과를 얻기 위한 장치를 만들어서 스스로의 행동을 제어하는 것이다.

정보화시대는 대세다. 몇 가지 부작용 때문에 첨단 기기를 사용하지 않을 수는 없다. 그렇다고 지금처럼 시간을 갉아먹는 흰개미를 방치했다가는 인생은 쭉정이처럼 텅 빈 껍질만 남게 된다.

시간은 시소 같은 것이다. 한쪽에 많은 시간을 투자하면 다른 쪽에 사용할 시간은 줄어들게 된다. 가치 있는 인생을 살고 싶다면 호기심에 이리저리 끌려 다니지 말고, 호기심을 뿌리칠 수 있는 자기제어장치를 만들 필요가 있다.

직장에 다니는 20대 후반의 B씨는 다음과 같은 5가지 자기제어장치를 만들어놓았다.

- 버스나 지하철을 타고 출퇴근 시에는 스마트폰 대신 외국어를 공부한다.
- 인터넷 쇼핑몰은 당장 구입할 물건이 있을 때만 방문한다.
- 인터넷은 잠들기 전에 한 시간만 한다.
- TV는 미리 정해 놓은 프로그램만 시청한다.
- 게임은 주말에 두 시간 이내로 한다.

호기심이 이끄는 대로 무방비 상태로 살아도 당장 생활에 큰 변화는 일어나지 않는다. 그러나 세월이 흐르고 나면 무의미하게 흘려보낸 시간들로 인해서 반드시 '시간의 보복'을 당하게 된다.

사소한 것에 목숨 걸지 마라. 인생을 가치 있게 살고 싶다면 호기심을 줄여라. 흰개미를 방치해 두면 언젠가는 집이 허물어져 내린다. 더 늦기 전에 자기제어장치를 만들어라.

몇 차례 시도해 보았음에도 불구하고, 우유부단한 성격 때문에 자기제어장치가 제대로 작동하지 않는다면 아예 TV를 거실에서 치워라. 인터넷을 끊고, 스마트폰을 2G폰으로 바꿔라. 여러모로 불편하겠지만 인생을 헛되이 낭비하는 것보다는 그편이 그 훨씬 낫다.

주택은 허물어지면 다시 지을 수 있지만 인생은 다시 시작할 수 없다.

최상의 컨디션을 유지할 수 있는 루틴을 찾아라

M은 평상시에는 말도 잘하고 침착하고 유머도 뛰어나다. 그러나 프레젠테이션만 하면 사자 앞에선 토끼처럼 사색이 되어서 더듬거리기 일쑤다. 무대 울렁증 때문이다. 가족들 앞에서 리허설도 해 보았지만 별 소용이 없다. 프레젠테이션을 몇 차례 망치고 난 뒤부터는 회의할 때도 발언하기가 겁나서 침묵으로 일관할 때가 많다.

스포츠 선수들은 훈련 효과를 실전에서 최대한 발휘하기 위해서 저마다 '루틴'을 갖고 있다. 루틴은 최상의 컨디션을 유지하기 위한 일종의 습관이다.

프로 골퍼의 경우, 대개는 샷을 하기 전, 자신만의 독특한 동작을 반복한다. 바람의 방향을 측정하고, 목표 지점을 바라보고, 모자를 고쳐쓰고, 두어 차례 연습 스윙을 하며 자세를 점검하는 등의 과정을 통해서 긴장감을 더는 한편, 최상의 샷을 위한 일정한 템포를 되찾는다.

야구 선수도 저마다 루틴이 있다. 어떤 타자는 스윙 전에 한 손으로 야구배트를 천천히 돌리면서 모자를 고쳐 쓰기도 하고, 야구배트로 베이스를 한두 차례 두드리기도 하고, 하늘을 한 번 올려다보기도 한다. 얼핏 보면 헛짓거리처럼 보이지만 집중력을 높이는 방법 가운데 하나다.

일본의 야구천재인 스즈키 이치로는 2001년 메이저리그에 데뷔했다. 시애틀 매리너스에 입단한 뒤 사상 최초로 10년 연속 200안타를 때려냈고, 10년 연속 아메리칸리그 골든글러브를 수상하면서, 메이저리그 최고의 안타제조기란 명성을 얻었다. 2013년 8월에는 미·일 통산 4,000안타, 2016년 8월에는 역대 30번째로 메이저리그 통산 3,000안타라는 대기록을 세우기도 했다.

그도 자신만의 독특한 루틴을 갖고 있다. 타석에 들어서면 투수를 바라보며 오른손에 든 배트를 일직선으로 향하게 한 뒤, 왼손으로 유니폼 어깨 부분을 천천히 잡아당긴다. 컨디션이 좋았을 때의 느낌을 최대한 되살려내면서 집중력을 높이기 위함이다.

그러나 그가 일정한 성적을 올릴 수 있었던 비결은 이것만이 아니었다. 시합에서 높은 타율을 유지하기 위한 또 다른 루틴을 갖고 있었다. 그는 입단하고 나서 경기 전의 점심으로 단, 두 가지 음식만을 먹어 왔다. 홈경기에서는 일본식 카레라이스, 원정 경기에서는 치즈피자. 시합을 앞두고 인체에 익숙한 음식을 먹음으로써 심리상태의 변화가 일어나는 것을 방지하기 위함이라고 한다.

프로들이 슬럼프 없이 최상의 컨디션을 유지하기 위해서 루틴을 갖고 있듯이 일을 할 때도 자신만의 루틴을 만들 필요가 있다. M의 경우에도 충분한 리허설을 통해서 긴장을 풀기 위한 일정한 루틴을 만들어 놓으면, 한층 심리적으로 편안한 상태에서 프레젠테이션을 할 수 있다.

사실 책상에 앉자마자 곧바로 일에 몰두할 수 있는 사람이라면 루틴이 필요 없다. 그러나 정도의 차이는 있지만 대다수가 현실과 일 사이에 괴리감을 느끼고 있다. 따라서 현실에서 일로 넘어가는 중간에 다리를 놓아 줄 필요가 있다.

사람들은 일을 시작하기 전에 저마다 습관이 있다. 커피를 한 잔 마시며 잡담을 한다든지, 메일함을 열어 본다든지, 인터넷을 검색한다든지, 게임을 한다든지, 책상을 정비한다든지, 계획서를 점검해 본다든지, 창밖을 바라보며 마음을 정리한다든지 등등의 습관을 갖고 있다.

그러나 집중력과는 전혀 상관없는 행동들이 많다. 일 시작 전 호기심을 유발하는 잡담을 하거나 인터넷을 검색하거나 게임을 하는 등의 행동은 오히려 집중력을 저하시킨다. 머릿속에 잔상이 남기 때문이다.

제대로 된 루틴을 만들기 위해서는 특별히 일이 잘 되던 날의 주변 여건을 기록해 둘 필요가 있다. 출근 시간, 몸 컨디션, 책상이나 사무실의 정리 정돈 상태, 심리 상태 등등을 분석해서 매일 그 상태를 유지하도록 관리할 필요가 있다.

간밤의 음주로 인해서 업무에 집중하기 힘들면 반드시 술을 줄여야 한다. 출근할 때 아내와 말다툼 때문에 잡념이 자꾸만 떠오르면 출근 전에는 말다툼을 피해야 한다. 출근 전 과도하게 유산소운동을 해서 업무 중 머릿속이 멍해진다면 운동시간을 밤으로 바꿔야 한다.

박봉의 직장인이든, 일거리가 별로 없는 프리랜서든 간에 직업을 통해서 돈을 벌어들이는 한 프로페셔널이다. 그 세계에서 살아남고 인정받기 위해서는 최소의 시간으로 최상의 효과를 낼 수 있는 방법을 끊임없이 찾아야 한다.

　세상에는 하루가 멀다 하고 별의별 일들이 꼬리에 꼬리를 물고 터져 나온다. 루틴을 통해서 평상심을 되찾고 집중력을 높일 필요가 있다.

　더 늦기 전에 나만의 루틴을 찾아라! 루틴은 시간을 잡아먹는 불필요한 행동 같지만 오히려 시간을 절약해 준다.

생활을 최대한
단순화시켜라

시간은 방치해 두면 시냇물에 띄워 놓은 종이배처럼 흔적도 없이 사라져 버린다. 비록 눈에 보이지 않을지라도 이름표를 붙여 주고 관리할 필요가 있다. 쉴 때는 '휴식', 일할 때는 '일', 책 읽을 때는 '독서', 잠잘 때는 '취침' 등의 이름표를 붙여 주고, 그 용도에 맞게 제대로 사용하고 있는지 수시로 확인하여야 한다.

쉬어야 할 때 일하고, 일해야 할 때 쉬게 되면 생활이 엉망이 된다. 일한 것도 아니고, 쉰 것도 아니어서 피로감만 쌓인다. 그래서 계획표가 중요하다.

목표가 없는 사람일수록 시간 구분이 애매하다. 시간에 대한 분류가 전혀 되어 있지 않아서 하루가 어떻게 시작해서 어떻게 끝났는지조차 잘 모른다. 누군가 '00일 00시에 뭐하셨어요?'라고 물으면 한참 동안 기억을 더듬어보지만 제대로 대답하지 못한다.

사소한 것들에 사로잡혀 있었던 시간은 잘 기억나지 않는다. 뇌는 중요하지 않은 정보는 금방 지워버린다.

　성공한 사람들의 삶은 단순 명료하다. 보통 일하는 시간, 운동하는 시간, 인맥 관리하는 시간, 자기 계발하는 시간 등으로 나뉜다. 시간의 용도 또한 명확해서 특별한 날이 아니면 정확히 기억한다. 누군가 '00일 00시에 뭐하셨어요?'라고 물으면 잠시의 망설임도 없이 대답한다.
　그들의 시간표는 하루아침에 만들어진 것이 아니다. 수없이 많은 날들을 살아오는 동안 수많은 오류를 겪고 나서, 자신에게 맞는 이상형의 하루를 찾아낸 것이다.
　컴퓨터 부품업체를 운영하고 있는 L씨의 경우를 살펴보자.
　L씨는 특별한 일이 없으면 저녁 11시면 잠든다. 새벽 5시에 일어나서 한 시간 동안 운동을 한다. 아침을 먹고 회사에 출근하면 7시 50분이다. 8시 50분까지는 회사의 주요 안건에 대해서 메모를 하면서 생각을 정리한다. 경제 전반의 흐름과 업계 동향을 살피고, 결재를 하고, 회의에 참석하다 보면 점심시간이다. 오후에는 주로 사람들을 만나다가 저녁 6시가 되면 퇴근한다. 저녁을 먹고 나서 가족과 한 시간 남짓 대화를 하고, 9시에 서재로 들어가 잠들기 전까지 책을 읽는다.
　오 년 전만 해도 그의 삶은 복마전이었다. 자정이 넘어서 퇴근하기도 했고, 거래처 관계자들과 술을 마시다 새벽에 집에 들어가는 일도 빈번했다. 밤낮없이 일했지만 회사 사정은 악화됐고, 아내와의 사이는 벌어졌고, 설상가상으로 간 기능까지 나빠졌다. 그는 의사로부터 경고를 받고, 네 가지 결단을 내렸다.

　● 하나, 술자리는 일절 참석하지 않기.

- 둘, 출퇴근 시간 엄수하기.
- 셋, 하루에 세 번 이상 미소 짓기.
- 넷, 저녁 11시면 무조건 잠자리에 들기.

몹시 힘들었던 몇 개월이 흘러가자, 흙탕물처럼 혼탁하기만 했던 머릿속이 투명해졌다. 답답했던 가슴도 뻥 뚫렸다. 아내와의 사이도 좋아졌고, 그토록 몸부림 쳐도 기울어만 가던 사업도 점점 호전되기 시작했다.

L씨는 이렇게 말한다.

"사업을 하려면 운도 따라 줘야 하지만 주관이 있어야 해요. 주관 없이 사업을 하면 사업 그 자체에 휘둘리게 되죠. 실속 없이 뛰어다녀 봤자 대체 뭘 얻겠어요? 돈 잃고, 건강 잃고, 가정 잃고 끝내는 폐인이 되는 거죠."

고수가 되면 지극히 단순해진다. 바둑이나 골프, 서예, 무술 등등도 고수가 되면 단순함 속에서 멋을 찾는다. 겉멋을 부리고, 기예를 부리고, 잔머리를 굴리고, 어깨에 힘을 주고 다니는 사람들은 대개 중수나 하수다. 인생도 마찬 가지다. 고수가 되기 위해서는 하루하루를 단순 명료하게 살 필요가 있다.

인간의 유전자는 99.9%가 같다. 따라서 능력 또한 엇비슷하다. 인생의 성패는 능력의 차이가 아니라, 내가 지닌 능력을 어떻게 사용하느냐에 따라서 갈린다.

사소한 것에 목숨을 걸지만 않아도 인생이 달라진다. 친구나 지인의 성공을 보면 마음이 조급해지겠지만 목표를 향해 꾸준히 걸어가라. 남들이 볼 때는 답답해 보일지라도 그 길이 가장 빠른 지름길이다.

시간은
마법의 양탄자

월 스미스 주연의 〈행복을 찾아서〉는 노숙자에서 월 스트리트의 신화가 된 크리스 가드너의 자서전을 바탕으로 만든 영화다.

크리스는 의료기기를 판매하지만 영업이 신통치 않아서 세금도 못 내고 자동차까지 압류 당하는 처지에 놓이게 된다. 결국 가난에 지친 아내마저 떠나가 버려서 혼자서 유치원에 다니는 아들을 키운다.

돈을 마련하기 위해 근심하고 있던 그는 우연히 주차장에서 빨간색 페라리의 주인을 만난다. 세상의 근심걱정이라고는 하나도 찾아볼 수 없는 그의 표정과 몸짓에 이끌린 그는 직업을 물어본다.

"주식 중개인입니다. 한 달에 8만 불을 벌지요."

크리스는 그 순간, 그 남자처럼 살고 싶다는 간절한 소망을 갖게 된다. 곧바로 그는 주식 중개인 연수과정에 접수하고, 주식 중개인 인턴으로 일하게 된다.

정식 사원이 되기 위해서는 6개월 동안 무보수로 일해야 하며, 60대

1이라는 경쟁률을 뚫어야 한다. 흑인에다 변변한 학벌도, 자랑할 만한 경력도 없는 그로서는 24시간 일에 매달려도 될까 말까한 상황이다.

잠잘 곳이 없어 지하철 화장실 등을 전전하던 크리스 부자는 노숙자를 위한 쉼터를 찾아간다. 그러나 그곳은 노숙자를 받아들일 침실이 한정되어 있기 때문에 매일 선착순으로 잠자리를 제공한다.

크리스는 늘 시간에 쫓긴다. 다른 사람들보다 일찍 퇴근해서 쉼터를 찾아가야 하기 때문에 최대한 시간을 절약해서 일하는 방법을 찾아낸다. 가급적 화장실에 가지 않기 위해서 물을 일절 마시지 않고, 사무실에서 전화로 잠재 고객에게 영업할 때는 수화기를 내려놓지 않고 손가락으로 끊었다가 곧바로 거는 방법으로 하루에 8분을 절약한다.

8분!

고작 8분이라고 생각하는 사람도 있겠지만 이 8분이 있었기에 크리스는 정식 사원이 되고, 경쟁사로부터 연봉 30만 달러에 스카우트되고, 1989년 자신의 이름을 내건 투자회사를 설립하고, 10년 만에 천만 달러라는 수익을 올리고, 결국은 1억 8천만 달러의 자산가가 된다.

공부를 하든, 직장에 다니든, 사업을 하든지 간에 시계를 힐끔거리며 시간이 물처럼 흘러가기만을 바라고 있다면 꿈을 이룰 가능성은 희박하다. 나에게 주어진 모든 시간이 밖이 아닌 나의 몸 안을 거쳐서 흘러가게 해야 한다. 단, 1분도 헛되이 사용하지 않으려는 마음가짐이 없다면 '성공'이라는 성에 들어갈 수 없다. 성을 올려다보며 사막에서 평생을 배회하게 된다.

시간을 효율적으로 사용하고 싶다면 한 시간을 쪼개서 사용하는 습관을 길러라. 로펌의 변호사들은 '타임 시트(time sheet)'라고 해서 15분씩 시간을 관리한다. 변호사의 수임료는 사건 단위나 시간 단위로 결정되기 때문이다. '시간은 돈'이라는 개념을 현실 속에 적용시킨 케이스다.

시간을 쪼개서 관리해 보면 내가 하루를 어떻게 보냈는지 정확히 알 수 있다. 시간을 효율적으로 사용한 날과 그렇지 않은 날이 한눈에 들어와서 나만의 루틴을 만드는 데도 도움이 된다.

크리스 가드너는 이렇게 말한다.

"집은 없었지만 꿈마저 없었던 것은 아니다."

꿈이 있다면, 그 꿈을 간절히 이루고 싶은 소망이 있다면 머뭇거리지 말고 당장 시작하라. 시간을 생명수처럼 아끼고 아껴서 일한다면, 그 시간들이 촘촘히 짜여서 '마법의 양탄자'가 되어 마침내 나를 성공의 성으로 데려가리라.

1년을 투자하면
평생이 즐겁다

"20대에 치열하게 살지 못하면 30대에 치사해지고, 30대에 치열하게 살지 못하면 40대에 치사해지고, 40대에 치열하게 살지 못하면 50대에 치사해진다."

내가 쓴 〈완벽하지 않기에 인생이라 부른다〉에 나오는 문장이다. 책이 나오고 얼마 지나지 않아서 후배가 물었다.

"물론 치열하게 살면 좋은 건 알겠는데, 그렇게 살다 보면 언제 쉬나요?"

후배는 마치 편히 쉬고 있는 사람들을 일터로 내모는 악덕 사업주인 것처럼 나를 추궁했다. 물론 평생을 치열하게 살 수는 없다. 나 역시 평생을 치열하게 살라고 권하고 싶은 마음은 없다. 내가 여기서 말하는 '치열함'은 인생에서 결정적 순간의 치열함이다.

십대 때는 고등학생이 되면 치열하게 공부해야 한다. 이십 대 때는 고시나 취업을 앞두고 치열하게 준비해야 한다. 삼십대 때는 중요한 프로젝트를 맡거나 개인 사업을 시작할 때 치열해질 필요가 있다. 사십대나 오십대 때도 마찬가지로 한두 번쯤은 치열하게 일해야 할 때가 찾아오게 마련이다.

자수성가형 부자들의 재산 형성 과정을 보면 치열하게 일하는 시기가 있다. 바로 목돈을 만드는 시기다. 목돈을 만드는 시기는 대개 1년에서 3년 사이다. 그렇게 치열하게 일해서 목돈을 만들어놓으면 세월과 함께 굴러가면서 재산이 눈덩이처럼 불어난다.

예술가의 경우도 그렇고, 외국어의 달인도 마찬가지다. 일정한 경지에 오르기 위해서는 한동안 치열하게 매달려야 한다. 그 시절을 보내고 난 사람과 그렇지 않은 사람은 성패가 갈린다. 치열하게 산 사람은 세월이 흐르면서 작품이 점점 좋아지고, 외국어가 엿가락처럼 입천장에 달라붙는다. 그렇지 않은 사람은 세월이 흘러도 작품에 진전이 없고, 외국어 또한 늘 제자리걸음이다.

어떤 분야든 간에 무언가를 이루고 싶다면 일 년 동안은 치열해질 필요가 있다. 아니, 철저히 미칠 필요가 있다. 지금까지 살아왔던 습관대로 남들 잠잘 때 잠자고, 남들 식사할 때 식사하고, 남들 일할 때 일하고, 남들 쉴 때 쉬고, 남들 놀 때 놀고, 남들만큼 인터넷 서핑이나 게임을 하고, 남들만큼 텔레비전을 시청해서는 남들처럼 평범하게 인생을 마감할 수밖에 없다.

로켓도 발사단계에서 에너지를 응축해서 사용한다. 엔진에서 폭발에 가까운 연소가 일어나야만 발사체를 밀어낼 수 있다.

성공하고 싶다면 시간을 집약하고 응축할 줄 알아야 한다. 일 년 동안만 무언가에 미쳐서 매달리다 보면 모든 게 바뀐다. 가슴은 패배주의 대신 자신감으로 채워지고, 뇌세포는 성공에 대한 회의 대신에 성공에 대한 열망으로 가득 찬 세포들로 바뀌게 된다. 비로소 '내가 할 수 있을까?'가 아닌 '나도 할 수 있구나!'라는 확신을 갖게 된다.

만약 일 년이 길게 느껴진다면 2개월만이라도 치열하게 살아라. 세계적인 마라톤 선수들도 42.195킬로미터를 구간별로 나누어서 달린다. 심리적으로 한 번에 달리기에는 거리도 부담스럽고 집중력도 떨어지기 때문이다. 어떤 선수는 일단 5킬로미터만 생각하며 달린다. 5킬로미터를 달리고 나면 다시 5킬로미터만 생각하며 달린다. 이런 식으로 끊임없이 동기부여를 하면 된다.

'지금까지는 잘 했어! 이번 구간만 잘 달리면 승리의 월계관은 내 거야!'

2개월을 치열하게 살고 나서, 해 볼만 하면 다시 2개월을 치열하게 살면 된다. 그렇게 6번을 살면 일 년이 된다. 일 년이 지나고 나면 나에 대한 생각도, 나의 미래도, 세상을 바라보는 시선도 분명 달라지리라.

비범해지기 위해서는 평범함을 거부할 줄 알아야 한다. 남다른 삶을 살고 싶다면 남다른 시간을 살아야 한다. 사소한 것들에 일절 사로잡히지 말고, 시간을 최대한 절약해서, 일 년만 치열하게 살아라!

치열함은 상대적이다. 일 년을 치열하게 보내고 나면 그 뒤의 시간들이 여유롭게 느껴진다. 전쟁처럼 격렬했던 시절이 지나고 나면 가슴 벅찬 행복과 함께 놀라운 평화가 가슴속에 찾아온다. 목적지에 도착할 때까지 로켓처럼 유유히 비행을 즐길 수 있다.

회의 횟수는
가급적 줄여라

예전에 잡지사에서 일할 때 회의를 좋아하는 주간이 있었다. 바쁜 기자들을 모아놓고, 매일 아침마다 회의를 열었다. 월초회의나 기획회의처럼 중요한 회의도 있었지만 대개는 업무 진행사항을 보고하고 체크하는 식이었다. 진행 사항이 궁금하면 일 대 일로 면담을 하면 될 텐데, 주간은 꼭 모든 기자들을 불러 모았다. 나는 아침부터 블랙커피를 홀짝거리면서 나오는 하등의 상관도 없는 동료들 업무 진행 사항까지 들어야만 했다. 회의가 어서 빨리 끝나기를 학수고대하면서.

회의는 시간의 블랙홀이다. 만약 여덟 명이서 세 시간 동안 회의를 했다면, 한 사람이 사흘 동안 일할 시간을 앉은 자리에서 소비한 셈이다. 시간은 회사의 소중한 자산이다. 만약 그 회의에서 어떤 결론도 얻지 못했다면 자산만 낭비한 셈이다.

시간의 블랙홀이라고 해서 회의 자체를 없앨 수는 없다. 계획을 세우고, 목표를 설정하고, 안건을 처리하고, 새로운 아이디어를 찾는 등등…조직을 관리하고 조직원의 능력을 융합해서 새로운 이익을 창출하기 위해서, 회의는 반드시 필요하다. 문제는 회의가 적절하게 이루어지지 않는다는 데 있다.

경영자나 고급 관리자 중에는 회의 중독자가 적지 않다. 자신의 생각이 벽에 부딪치거나 조직원에게 꼭 해야 할 말이 생각나거나, 조직원들을 문책해야 할 일이 생기면 습관적으로 회의부터 소집한다. 굳이 회의가 아니더라도 다른 식의 방법도 있을 텐데 일단 회의부터 소집하고 본다.

현명한 상사라면 아랫사람이 주어진 시간 안에 자신의 능력을 최대한 발휘할 수 있도록 업무 시간을 최대한 존중해 줘야 한다. 생각이 벽에 부딪치면 간부와 함께 대화를 나누며 생각을 정리하고, 직원들에게 꼭 해야 할 말이 있으면 단체메일을 보내고, 직원을 문책해야 할 일이 생기면 누구의 잘못인가를 가린 뒤 그 직원만 따로 불러서 꾸짖어야 한다. 상사라고 해서 부하직원들을 마치 군대의 졸병들처럼 다뤄서는 조직이 발전할 수 없다.

아이디어가 생명인 회사가 아니라면 회의 횟수를 줄일 필요가 있다. 노력한다면 정기회의는 물론이고 부정기회의도 충분히 줄일 수 있다. 회의를 열고 싶다면 그 전에 '회의가 정말 필요한가?', '회의를 통해서 결론을 내릴 수 있을까?', '만약 얻게 된다면 그 결론이 시간을 소비한 만큼의 가치가 있을까?' 등등을 충분히 생각해 본 뒤에 회의를 소집해야 한다.

회의를 열기로 결정했다면 최소한의 참가자를 정한 뒤, 안건과 함께 회의 시작하는 시간과 끝나는 시간을 사전에 공표해야 한다. 그래야 회의 참석자들도 나름대로 준비를 하고, 스케줄을 조정할 수 있다.

회의가 시작되면 그 순간부터는 사적인 시간이 아닌, 공적인 시간이다. 아이디어 회의가 아닌 이상 가급적 잡담은 자제하고 적합한 결론을 도출해 낼 수 있도록 회의에 집중할 수 있는 분위기를 조성해야 한다. 회의가 길어지면 집중력이 떨어지기 때문에 회의 시간은 1시간 이내로 잡는 것이 좋다.

회의 시간을 정해 놓고 하면 그 시간 안에서 아이디어를 내고, 결론을 도출해 내기 위해서 뇌가 긴장한다. 뇌는 풀어져 있을 때보다 긴장했을 때 원활하게 움직이며 좋은 방안을 찾아내기 위해서 최대한 노력한다.

회의는 직급과 상관없이 수평적인 자유토론 방식으로 이루어져야 한다. 그러나 회사 분위기가 경직되어 있다면 고위 간부일수록 말을 아껴야 한다. 회의를 시작하자마자 장황하게 이야기를 늘어놓으면 회의 전체 분위기를 결정할 수도 있기 때문이다. 또한, 쓸데없는 이야기를 늘어놓아도 쉽게 끊을 수 없다는 단점이 있다. 직급이 위로 올라갈수록 경청하는 습관을 길러야 한다.

일단 소집한 회의는 어떤 식으로든 결론을 도출해 내는 것이 바람직하다. 그러나 회의 참가자들이 모두 의견을 냈음에도 불구하고 뚜렷한 해결책이 보이지 않을 경우, 일찌감치 회의를 마치고 다음을 기약하는 편이 낫다.

일주일에 열 번하는 회의를 절반으로 줄여도 야간 업무에 시달리는 직원들이 눈에 띄게 줄어든다. 회사에서 가장 아껴야 할 자원은 조직원들의 시간이다. 쾌적한 업무를 위해서라도 '시간의 블랙홀'과도 같은 회의 횟수를 줄일 수 있는 합리적인 방법을 강구할 필요가 있다.

집중력을 높이는
8가지 방법

　A와 B가 있었다. 그들은 어려서부터 절친한 사이였는데 같은 고등학교에 배정되었다. 그들은 입학식이 끝나고 돌아오는 길에 한국 최고의 대학에 가자고 손가락을 걸며 철석같이 약속했다. 그들은 학교에서는 물론이고, 방과 후에도 사설도서관에 나란히 앉아서 함께 공부했다. 졸업식이 끝난 뒤, 그들의 운명은 엇갈렸다. A는 목표로 삼았던 대학에 진학했다. 그러나 B는 하위권 대학에 붙었는데 마음에 차지 않아 결국 재수를 선택했다.

　무엇이 이들의 운명을 갈랐을까?

　이들의 운명을 가른 것은 바로 집중력이었다. 똑같은 시간을 사용해서 함께 공부했지만 그들은 각자 시간을 사용하는 법이 달랐다. B는 오랜 시간 책상에 앉아 있는 것으로 만족했지만 A는 주어진 시간을 철저히 자신의 것으로 만들었다.

　무슨 일이든 간에 성공하기 위해서 반드시 필요한 것 가운데 하나가 집중력이다. 인간은 무한한 잠재력을 지니고 있다. 그것을 현실 속으로 끄집어내는 데는 몇 가지 방법이 있는데 그 중 하나가 바로 집중력이다.

집중력을 높이면 시간을 절약할 수 있다. 시간이란 길이가 일정해 보이지만 사용자에 따라서 길이가 늘어나기도 하고, 줄어들기도 한다.

한정된 자산인 시간의 효율성에 대해서 남다른 관심이 있었던 아인슈타인은 이렇게 말한다

"제대로 집중하면 6시간 걸릴 일을 30분에 끝낼 수도 있습니다. 그러나 집중하지 못하면 30분이면 끝낼 일을 6시간해도 끝내지 못합니다."

뛰어난 집중력을 선천적으로 타고 난 사람도 있지만 누구나 노력하면 집중력을 높일 수 있다. 집중력을 높이는 데는 8가지 방법이 있다.

하나, 뚜렷한 목표를 세워라.

인간의 뇌를 연구하는 과학자들은 목표가 집중력을 높여 준다고 한다. 뚜렷한 목표 설정은 마치 한밤중에 헤드라이트로 한 곳을 비추는 것과 같다. 목표가 두렷하면 뚜렷할수록 불필요한 지식이나 기억, 관심 등은 약화된다.

둘, 보상을 하라.

보상은 체험에 의한 기억이다. 실험용 원숭이나 쥐에게 임무를 완수했을 때 주어지는 '반복적인 음식'처럼 인간의 뇌도 보상에 길들여

져 있다. 하지만 인간의 뇌는 좀 더 복잡해서 물질적인 보상뿐만 아니라 '칭찬' 같은 정신적인 보상에도 반응한다.

셋, 마감 시간을 정하라.

인간은 한계를 지닌 동물이다. 일 년 내내 폭발적인 에너지를 발산할 수는 없다. 그러나 여러 가지 조건이 충족되면 일정 기간 동안에 놀라운 힘을 발휘하기도 한다. 약속을 잘 지키는 사람일수록 마감 시간을 잘 지킨다.

넷, 경쟁심을 유발하라.

기록 달성은 나 혼자서 잘 할 때보다 경쟁자와 함께 시합할 때 가능하다. 대회에서 좋은 기록이 나오는 이유도 이 때문이다. 경쟁은 물론이고, 질투 또한 긍정적인 방향으로 유도하면 유용한 에너지로 쓰일 수 있다.

다섯, 자신감을 가져라.

'나는 할 수 있다.'는 자신감은 샘물처럼 끊임없는 에너지를 솟구치게 한다. 반대로 '내가 할 수 있을까?'하는 회의감은 에너지를 소진시킨다. 일을 거침없이 추진시키기 위해서는 긍정 에너지가 필요하다.

여섯, 배수진을 쳐라.

선택의 기회가 많으면 생각 또한 많아진다. 생각이 많아지면 몸이 둔해져서 실천력이 떨어진다. 생각을 줄이고 실천력을 높이기 위해서는 배수진을 칠 필요가 있다. '이 일을 해내지 못하면 나는 앞으로 아무것도 할 수 없다!'는 비장한 각오로 일에 임하라.

일곱, 뇌에 충분한 에너지를 공급하라.

뇌는 하루에 400kcal를 소비하며 120g의 포도당을 필요로 한다. 포도당이 떨어지면 집중력 또한 떨어진다. 포만감이나 허기감이 들지 않도록 유의하면서 뇌에 영양을 제때 공급할 필요가 있다.

여덟, 충분한 휴식을 취한다.

뇌는 대단한 정력가다. 스물네 시간 쉬지 않고 일을 할 수 있다. 밤샘을 하면 피곤한 이유는 뇌가 지쳐서가 아니라 시력이나 척추를 비롯한 다른 인체 기관들이 피로한 때문이다. 집중력을 유지하려면 쾌적한 컨디션을 유지할 필요가 있다. 뇌가 집중할 수 있도록 일할 때는 자세를 바로 하고, 휴식은 충분히 취하는 게 좋다.

효율적으로 시간을 관리하는 방법

유명 치과에 가면 예약을 해도 어느 정도 기다림은 감수해야 한다. 치과의사는 하루 동안에 수많은 환자를 받는다. 한 환자 당 진료시간을 30분이라고 가정하면 8시간을 근무하니 쉬지 않고 꼬박 일해도 받을 수 있는 환자는 16명이다. 그러나 실제로는 대다수의 치과의사가 30명 이상의 환자를 진료하며, 개중에는 60명 이상을 진료하는 치과의사도 있다.

어떻게 이런 일이 가능할까?

비결은 시스템이 잘 짜여 있기 때문이다. 치과에는 여러 개의 진료 의자가 있다. 의사는 마취 주사를 놓고 약효가 퍼지는데 필요한 시간 동안 다른 환자를 치료한다. 간호사들은 진료 준비, 보조 역할, 마무리 등을 비롯해서 의사가 최대한 많은 환자를 진료할 수 있도록 돕는다. 고급 인력인 의사의 시간을 최대한 아껴서 많은 환자를 받기 위함이다.

우리가 사용하는 하루 24시간도 조금만 주의를 기울이면 효율적인 시간 관리 시스템을 구축할 수 있다. 연구 결과에 의하면 뇌세포가 활성화되어 집중력이 가장 높은 시간은 아침 6시부터 8시까지다. 이 시간에 가장 중요한 일을 처리하는 게 현명하다. 만약 출근 준비를 하느라 이 시간을 헛되이 사용하고 있다면 출근 시간을 바꾸는 방법을 검토해 볼 필요가 있다.

오전에는 주로 뇌를 사용하는 일을 하도록 계획을 짜는 게 좋다. 오후 시간은 뇌의 집중력이 떨어지기 때문에 몸을 움직이는 일을 하는 게 효율적이다. 저녁을 먹고 나서 한동안은 뇌의 집중력을 높일 수 있으나 밤이 깊어갈수록 점점 떨어지게 된다. 따라서 일찍 자고 일찍 일어나면 보다 시간을 효율적으로 사용할 수 있다.

시간 관리 시스템은 근무 시간의 업무 효율을 높이고, 낭비하기 쉬운 새벽 시간과 저녁 시간을 알차게 사용할 수 있도록 짜야 한다.

시간은 누구나 갖고 있기 때문에 소중함을 망각하기 쉽다. 그러나 시간은 참으로 놀라운 능력을 갖고 있다. 자신을 업신여기면 부자도 가차 없이 거지로 만들어 버린다. 하지만 몸을 낮추고 정성스레 받들어 모신다면 거지를 부자로 만들어 주기도 한다.

효율적으로 시간을 관리하고 싶다면 여섯 가지를 명심하라.

하나, 시간 사용 내역서를 작성하라.

나의 시간이 어디서 어떻게 사용되는지를 알아야 불필요한 시간 지출을 줄일 수 있고, 좀 더 가치 있는 곳에 투자할 수 있다.

둘, 시간 관리는 15분 단위로 하라.

15분은 한 시간의 4분의 1에 불과하지만 단순한 업무를 처리하기에 충분한 시간이다. 15분 단위로 시간 관리를 하다 보면 자투리 시간의 소중함을 깨닫게 된다.

셋, 일에 몰두하기까지 걸리는 시간을 최대한 단축시켜라.

책상에 앉아 있는 시간과 실질적으로 일하는 시간은 오차가 있을 수밖에 없다. 그러나 최대한 그 오차를 줄여야 한다. 책상에 앉으면 업무 이외의 호기심은 차단할 필요가 있다.

넷, 취침 시간을 엄수하라.

하루를 계획적으로 살기 위해서는 무슨 일이 있더라도 취침 시간을 엄수해야 한다. 그래야만 계획했던 기상 시간에 일어나서 산뜻하게 하루를 시작할 수 있다.

다섯, 항상 시간을 단축시킬 수 있는 방법을 생각하라.

일을 시작할 때는 가장 효율적으로 하는 방법부터 찾아야 한다. 노하우가 생기면 무턱대고 일을 시작하는 것보다 시간을 훨씬 절약할 수 있다.

여섯, 하기 싫은 일은 처음부터 맡지 마라.

하기 싫은 일은 아까운 시간을 갉아먹는 주범이다. 시간 관리의 효율성 자체를 떨어뜨리기 때문에 아무리 친한 사람이 부탁해도 처음부터 단호하게 거절해야 한다.

전문가를
최대한 활용하라

어느 중소기업에서 입사시험을 볼 때의 일이다.

인사담당자는 시험지를 돌린 뒤, 종료 시간을 알려 주고 곧바로 시험장을 나갔다. 시험지를 받아 든 수험생들은 당황했다. 불과 두 문제였지만 난이도가 예상보다 높았기 때문이었다. 몇 명은 머리를 쥐어짜며 문제를 풀기 시작했고, 몇 명은 시험 감독관이 없다는 점을 이용해서 서로 의견을 교환했고, 몇 명은 화장실로 달려가서 지인에게 전화를 걸어 답을 물었다.

그런데 그 중 한 명은 시계를 힐끗 본 뒤, 시험장을 빠져 나갔다. 그는 택시를 잡아타고 인근의 대학으로 달려갔고, 처음 보는 교수에게 도움을 요청했다.

며칠 뒤 면접시험이 치러졌지만 합격자는 이미 정해져 있었다. 전문가를 찾아가서 문제를 풀어 온 수험생이 최종 합격자였다. 필기 점수도 가장 높은 데다 문제를 푸는 과정이 사장의 마음을 사로잡았기 때문이었다.

기업이 사원에게 원하는 것은 학문적인 지식을 얼마나 많이 쌓았느냐가 아니라, 그 동안 쌓은 지식을 얼마나 업무에 응용할 수 있느냐 하는 것이다. 예전에는 기업이 직원을 채용한 뒤 업무에 적응할 수 있도록 일정 기간 동안 재교육을 시켰다. 그러나 요즘에는 채용 뒤 곧바로 현장에 투입할 수 있는 사람을 선호한다. 대학생들이 관련 자격증을 미리 따고, 방학 때를 이용하거나, 혹은 휴학을 하고 인턴으로 일하는 이유도 그 때문이다.

사회는 전쟁터다. 수많은 사람들이 때로는 혼자서, 때로는 무리를 지어서 연일 치열한 전투를 치르고 있다. 전쟁에서는 과정보다도 결과가 중요하다. 역사는 승리자에 의해서 쓰이기 때문이다.

최후의 승리자가 되려면 '나는 최선을 다했다.'고 스스로를 위로하기보다는 '나는 최상의 결과를 얻었는가?' 하고 수시로 자문해야 한다. 일이 끝난 뒤, 전자의 심리상태에 이르기 위해서는 내가 지닌 능력만 한껏 발휘하면 된다. 그러나 후자의 심리상태에 이르려면 전문가의 도움을 받아야 한다.

나의 실력을 한껏 발휘하는 것도 능력이지만 최상의 결과를 도출해 내기 위해서 전문가를 최대한 이용할 줄 아는 것 또한 능력이다. 무슨 일이든지 간에 일정한 경지에 이르기 위해서는 무수한 오류를 겪어야 하고, 상당한 시간을 필요로 한다. 그러나 전문가를 이용하면 오류를 피할 수 있고 시간 또한 절약할 수 있다.

세상은 점점 세분화되어 가고 있다. 기업에서는 전문가를 찾기 위해 국내는 물론 해외까지 눈을 돌리고 있다. 세상이 급변하다 보니 전문가가 우대받는 세상인 것만은 분명하다. 한 분야를 열심히 파서 전문가가 되면 좋지만 뒤늦게 전문가가 되기 위해서 애쓸 필요는 없다. 유명 정치인이나 CEO의 경우를 보더라도 전문가를 적절히 다룰 줄은 알지만 정작 그 자신이 전문가인 경우는 많지 않다.

대신 전문 지식이 부족하다고 느낀다면 언제든지 전문가에게 도움을 요청할 수 있는 용기와 지혜가 있어야 한다. 직장은 학교가 아니다. 위에서 나에게 일을 맡기는 이유는 나의 학문적인 능력을 시험하기 위함이 아니라 일을 성사시키기 위함이다.

학교에서 시험 치르듯이 모든 걸 나 스스로 해야 한다는 생각을 버려라. 완벽한 사람은 없다. 천재라 불리던 스티브 잡스마저도 자신의 힘으로 모든 것을 이루려 하지 않았다. 그는 전문가를 최대한 이용했고, 필요하다면 전문가의 아이디어마저 훔쳤다. 애플 직원들에게도 타인의 아이디어를 훔칠 것을 주문할 정도였다.

전문가는 시간과 돈을 절약시켜 준다. 나 혼자의 힘으로라면 온종일 해야 할 일을 전문가가 전체적인 윤곽을 잡아주거나 몇 가지 노하우만 알려 줘도 반나절이면 끝낼 수 있다.

각자 꿈이 다르고 전공이 다르기 때문에 전문가가 되지 못한 것을 탓할 수는 없다. 그러나 전문가를 이용하지 못하고 자신의 힘으로 해내려다 아마추어처럼 일을 끝냈다면 질책을 감수해야만 한다.

전문가는 시간과 돈을 절약시켜 준다.
나 혼자의 힘으로라면 온종일 해야 할 일을
전문가가 몇 가지 노하우만 알려 줘도 반나절이면 끝낼 수 있다.

저녁 한 시간이
미래를 바꾼다

인간의 하루는 비슷비슷해 보인다. 우리는 어렵지 않게 학생, 직장인, 주부의 하루를 짐작할 수 있다. 그러나 과연 그들의 하루는 비슷할까?

막연하게 상상하면 비슷해 보여도 하루를 아침 식사 전, 활동하는 시간, 저녁 식사 후로 삼등분해 보면 그 차이를 알 수 있다. 보통 사람들이 단잠을 즐길 때 성공하는 사람들은 새벽에 일어난다. 그들은 한 걸음 앞서서 하루를 시작한다.

아침 식사를 하고 나서 저녁을 먹기 전까지는 보통 사람이나 성공하는 사람이나 엇비슷하다. 모두가 그 시간에는 각자 자신의 일을 한다.

가장 많은 차이가 나는 것은 저녁 후의 시간이다. 사람들과 어울려 술을 한잔 마시거나, 푹신한 소파에 기대서 자신도 모르게 TV를 켜거나, 습관적으로 컴퓨터 앞에 앉게 된다. 열에 아홉은 이런 식으로 저녁 시간을 소비한다.

누구나 하루를 살면 24시간, 1440분을 쓰게 된다. 저녁 시간은 하루의 꼬리도 아니고 자투리도 아니다. 똑같은 크기와 가치를 지니고 있다. 수돗물 틀어놓듯이 저녁 시간을 낭비하면서 더 나은 인생을 기대한다면 그건 일종의 탐욕이다.

성공하고 싶다면 '한 걸음만 더'라는 인식이 필요하다. 아침에 '한 걸음' 일찍 시작했다고 만족해서는 안 된다. 물론 보통 사람보다 성공할 확률은 높지만 누구도 미래를 예측할 수는 없다. 저녁에도 '한 걸음' 더 걷는다면 하루에 '두 걸음'을 앞서는 셈이니 성공 확률은 훨씬 더 높아진다.

가치 있는 인생을 살고 싶다면 시간의 질을 높여야 한다. 일이 끝나면 보상 심리에 젖어서, 습관적으로 친구나 동료들과 유흥가를 배회해서는 가치 있는 인생을 살 수 없다. 스마트폰에 고개를 처박고 있거나 소파에 누워서 후식을 먹으며 TV를 보면, 그 순간은 즐거워도 남다른 인생을 기대할 수 없다. 컴퓨터 앞에서 '먼지처럼 가벼운 호기심'을 충족시키며 아까운 시간을 펑펑 사용해서는 인생의 주인공이 될 수 없다.

사소한 것들에 목숨 걸지 마라. 스마트폰으로 허비하는 시간이 많으면 '시간 도둑'인 앱을 지워라. TV의 유혹을 뿌리치기 어려우면 티브이를 거실에서 치워라. 인터넷을 필요 이상으로 하고 있다는 생각이 들면 컴퓨터를 한동안 창고에 집어넣어라. 처음에는 갑갑하겠지만 시간이 지날수록 삶이 훨씬 여유롭고 풍족해진다.

저녁을 먹고 나서 더도 덜도 말고 한 시간만 유용하게 사용하는 습관을 길러라. 그 시간에 외국어를 공부하거나, 책을 읽거나, 막연하게라도 배우고 싶었던 것이 있다면 더 늦기 전에 배워라. 하루 한 시간에 불과하지만 일 년이면 365시간이다. 무려 15일하고도 5시간이나 된다. 한 사람의 운명을 바꾸기에 충분한 시간이다.

단, 퇴근시간까지 끝내지 못한 업무를 집으로 가져가지는 마라. 가족들의 환영을 받지 못함은 물론이고 나의 미래를 위해서도 바람직하지 않다. 업무를 퇴근 후에 하는 것도 일종의 습관이다. 몸에 배게 되면 업무 시간에는 집중력이 떨어져 게으름을 피우거나 사적인 용무를 보게 된다. 업무가 비록 과다하다 할지라도 집중력을 발휘해서 업무 시간 중에 끝낸다는 마인드를 지닐 필요가 있다.

저녁 시간을 미래를 위한 인맥 쌓기에 투자한다면 그것은 나름대로 의미가 있다. 어차피 일이란 인간이 하게 마련이다. 관계자나 전문가를 만나 친분도 쌓고 정보도 교류해 가면서 미래를 차근차근 준비해 나가는 것도 현명한 방법이다.

저녁 후 한 시간을 유용하게 사용했다면 나머지 시간은 휴식을 취해라. 인간에게 휴식은 반드시 필요하다. 충분히 휴식했음에도 불구하고 다음날 아침, 몸이 물먹은 스펀지처럼 무겁다면 제대로 쉬지 못했기 때문이다. 휴식 시간에는 인터넷, TV, 휴대폰을 멀리해야 한다. 산책을 하거나 눈을 감고 명상을 하거나 독서를 하라. 제대로 된 휴식은 신체에 활기를 불어넣고, 영감을 불러온다.

다른 사람의 시간을
존중하라

내 시간이 중요하다면 다른 사람의 시간도 중요한 법이다. 내 시간을 존중하고 아끼듯이 다른 사람의 시간도 존중하고 아껴 줄 필요가 있다. 그러나 자기 시간만 소중히 여기고, 타인의 시간은 하찮게 여기는 사람도 꽤 있다. 타인의 시간에 대한 배려가 없는 사람은 지금은 무대 위에서 조명을 받으며 한창 잘 나갈지 몰라도 이내 무대 뒤편으로 사라지게 된다.

B의 회사를 방문하면 기분이 좋다. 대기실도 안락하고 편안하지만 무엇보다도 비서가 친절하게 몇 분 후면 B를 만날 수 있을 거라고 귀띔해 주기 때문이다. 더욱 더 놀라운 사실은 비서의 예측이 십 분 이상 틀린 적이 없다는 점이다.

사람을 만나서 대화를 나누다 보면 원하든 원하지 않든지 간에 이야기가 길어지기 마련이다. 그런데 어떻게 그런 일이 가능한지 신기하기도 해서 B에게 넌지시 물었다. 그러자 그는 별 거 아니라며 고객이나 거래처 손님에 대한 시간 관리 노하우를 들려주었다.

먼저 과거의 면담 시간을 근거로 해서 고객을 분류한다. 그럼 다음 업무 유형별, 중요도에 따라 면담 시간을 배분한다. 비서는 약속 시간을 정할 때 컴퓨터에 입력되어 있는 자료를 참조하고, 손님이 찾아오면 정해진 면담 시간을 둘만의 신호로 알려 준다.

"정해 놓은 시간을 넘기면 뒷사람이 기다려야 해요. 그렇게 되면 나는 그 사람에게 미안한 마음을 갖게 되고, 또 뒷사람이 기다리고 있을 테니 쫓기는 기분으로 대화를 하게 되죠. 그래서야 어디 대화가 바람직한 방향으로 흘러가겠어요? 그래서 가급적이면 암묵적으로 정해 놓은 면담 시간을 지키려고 노력해요. 처음에는 쫓기는 기분이 들었는데 경험이 쌓이다 보니 좋은 점도 있더라고요. 빠르게 판단하고 결정하는 습관이 덤으로 붙었다고나 할까요."

그의 스케줄을 보면 중간에 30분 남짓 빈 시간이 있다. 미리 약속을 정하지 않고 불시에 찾아온 손님들을 위한 시간이다.

"나의 시간이 소중하듯이 고객이나 거래처 관계자 분들의 시간 역시 소중하죠. 고객이나 거래처 분들의 시간을 배려하지 못하는 기업은 고객이나 거래처가 바빠지게 되면 등을 돌리게 되어 있어요."

타인의 시간에 대한 배려는 경영자인 B뿐만 아니라 회사 전체에 퍼져 있었다. 예정에 없던 출장을 갈 경우에는 부서 직원들이 한눈에 볼 수 있게끔 출장 장소와 출장 기간이 적혀 있는 '출장 중'이라는 패찰을 책상에 올려놓았다. 누군가 그를 찾아오거나 전화를 걸면 다른 직원들이 패찰을 보고, 언제 출장에서 돌아온다는 정확한 정보를 알려 주었다. 물론 사소한 일이지만 고객을 배려하는 기업 정신을 엿볼 수 있었다.

기업 정신은 소비자를 감동시키기 위해서 하루가 다르게 성숙해 가고 있다. 그러나 여전히 변화의 흐름과 무관하게 살아가는 직장인이 있다. 그들은 이런저런 핑계를 대며 남의 소중한 시간을 허비한다. 자신의 일을 슬쩍 떠넘긴다거나 회의시간에 늦는다거나 부서 회식 후에 2차를 핑계로 붙잡고 놓아주지 않는 이들이 여전히 존재한다.

대인 관계란 서로의 귀중한 시간을 사용하며 이루어진다. 누군가와 만나서 시간을 보낸다면 아까운 시간을 내어 준 상대에 대한 고마움을 가슴 깊이 느낄 줄 알아야 한다. 작은 배려에도 감사할 줄 알고, 사소한 충고나 가르침 하나라도 소중히 여길 줄 아는 사람만이 존중받는다.

또한 잠시 자리를 비운 자리에 누군가 전화를 했거나 메일을 보냈다면 신속하게 전화를 해 주거나 답장을 보내야 한다. 나에게는 바쁠 것 없는 질문일지라도 상대의 입장에서는 다급할 수 있고, 사람의 심리상 질문을 하면 답을 해 줄 때까지 마냥 기다리기 때문이다.

CHAPTER 2

가치 있는 삶으로 바꾸기 프로젝트

승자의 주머니에는 꿈이 있고
패자의 주머니에는 욕심이 있다.
_ 탈무드

꿈을 계속 간직하고 있으면
반드시 실현할 때가 온다.
_괴테

사명감이 있어야
가치 있는 인생을 살 수 있다

"꿈이 뭐니?"

어린이에게 물어보면 초롱초롱한 눈으로 저마다 원대한 포부를 밝힌다. 운동선수, 연예인 등은 기본이고 우주비행사, 과학자, 대통령, 유엔 사무총장도 꽤 된다. 물론 그 중에는 슈퍼맨 같은 황당한 꿈도 섞여 있다.

중고등학생에게 꿈을 물어보면 교사, 의사, 공무원 같은 경제적으로 안정적인 직업과 관련된 것들이 대부분이다. 대학생에게 물어보면 '어렸을 때 꾸었던 꿈'과 '현재의 꿈'으로 나눠서 말한다. 예를 들면 '어렸을 때는 변호사가 꿈이었는데 지금은 대기업에 입사하는 게 꿈이에요.'라는 식이다.

30대 이상의 직장인에게 꿈을 물어보면 창업이나 내 집 마련, 결혼, 외국 여행처럼 현실적인 것이 대부분이다. 아예 꿈이 없다고 대답하는 이들도 적지 않다.

어렸을 때는 저마다 원대한 포부를 가슴에 품고 살았는데 살면 살수록 왜 자꾸 꿈이 작아지고 초래해지는 걸까?

생활 전선에 뛰어들어야 하기 때문이기도 하지만 그보다 더 큰 이유는 나이를 먹으면서 사명감이 스르르 사라졌기 때문이다. 꿈은 밑에서 사명감이 받치고 있어야 오래 간다. 사명감이 없는 꿈은 봄날의 꿈처럼 잠에서 깨어나면 기억마저 어슴푸레하다.

그렇다면 사명감이란 무엇일까?

좁은 의미로는 '주어진 임무를 잘 해내려는 마음'이고, 넓은 의미로는 '가치 있는 인생을 살기 위한 마음'이라 할 수 있다.

꿈을 먼저 물어본 다음에 "왜 의사가 되고 싶은데?"라고 물으면 많은 아이들이 "돈이 없어서 병원에 못 가는 사람들을 무료로 치료해 주고 싶어요."라고 말한다. "왜 유엔 사무총장이 되고 싶은데?"라고 물으면 "인류 평화에 공헌하고 싶어요."라고 말한다. 가난한 사람들을 치료해 주고 싶은 마음, 인류 평화에 공헌하고 싶은 마음이 바로 사명감이다.

어린이의 사명감은 가족이나 주변 사람들의 고통을 보았을 때 싹트기도 하고, 위인전을 읽거나 감동적인 영화를 본 다음에 싹트기도 한다. 사명감은 인간의 잠재능력을 끌어올려 최대한 발휘하게 한다. 사명감이 가슴속에서 점점 커지면 갈망이 되고, 구체적인 행동을 요구한다.

'의사가 되려면 의대에 들어가야 하는데, 지금 성적으로는 어림도 없어. 그래 일단 열심히 공부해서 의대에 들어가자!'

'유엔 사무총장이 되려면 외교관이 되어야 하는데, 그러기 위해서는 코끼리가 바늘구멍을 통과하기보다 어렵다는 외무고시부터 합격

해야 해. 외국어도 틈틈이 공부하면서 공부도 열심히 하자!'

사명감은 어두운 바다를 비춰 주는 등대와 같다. 확고한 사명감을 지닌 아이들은 포기를 모른 체 꿈을 향해 달려간다. 그러나 사명감 없이 꿈만 꾸는 아이들은 작은 고난이나 유혹에도 쉽게 좌절하거나 포기한다. 사소한 것들에 목숨 거는 사람들은 대부분 이런 부류다.

물론 어려서부터 공부를 잘했던 사람들은 사명감이 없이도 꿈을 이루기도 한다. 그러나 사명감을 지닌 사람에 비해서 사명감 없이 꿈을 이룬 사람은 직업에 대한 만족도도 낮고, 삶의 질도 떨어진다.

심리학자인 A.H 매슬로우 욕구이론에 의하면 인간은 생존과 관련된 생리적 욕구와 안전욕구가 충족되면 사회와 관계를 맺으려는 애정욕구를 지니게 된다. 이 단계를 지나게 되면 가치 있는 사람으로 인정받기를 바라는 존경욕구를 지니게 되고, 자아를 실현하고자 하는 자아실현 욕구를 지니게 된다.

인간이 신체적으로 정신적으로 보다 성숙해지기 위해서는 동기가 필요하다. 사명감은 정신적인 갈증을 불러 와서 가치 있는 삶을 향해서 나아갈 수 있도록 나를 끊임없이 돌아보게 하고, 힘을 북돋워 준다.

꿈을 실현하고 싶다면 먼저 사명감을 지녀라. 똑같은 직업이라 하더라도 '의술을 이용해서 많은 돈을 벌겠다.'는 탐욕스런 의사보다는 '환자의 질병을 치료해서 고통으로부터 해방시켜 주겠다.'는 의사가 더 의사답고, 더 행복하지 않겠는가.

한 번뿐인 인생,
승자로 살자

꿈은 성취했을 때도 큰 기쁨을 주지만 꿈을 향해 한 발, 한 발 다가 가는 과정에서도 은은한 기쁨을 준다.

파울로 코엘류의 〈연금술사〉에 보면 이런 문장이 나온다.

"무언가를 구하는 매순간이 곧 그것을 만나는 순간인 거야."

인간을 꿈을 이루었을 때뿐만 아니라 단순히 꿈을 꾸는 것만으로 도 그 순간을 누릴 수 있다. 과학자를 꿈꾸기 시작하면 마음은 발명 품을 만들었을 때의 기쁨을 느끼기 시작하고, 변호사를 꿈꾸기 시작 하면 약자를 도와 법정에서 승리하는 환희를 느끼고, 교사를 꿈꾸기 시작하면 아이들을 가르치는 즐거움을 느낀다.

꿈꾸는 동안에는 누구나 승리자다. 온갖 어려움을 이겨내고 꿈을 이루기만 하면 마치 마법에 걸려 먼지로 뒤덮여 있던 성이 오랜 잠에서 깨어나듯이, 지난날들이 일제히 빛을 발한다. 쓰라린 상처는 영광의 상처로 변하고 실패의 아픔을 씹으며 방황했던 지난날들마저도 아름다운 추억이 된다.

그러나 중도에 꿈을 포기하게 되면 기쁨과 행복은 일제히 사라진다. 매서운 추위와 얼음뿐인 겨울왕국이 시작된다. 그 동안의 장점은 단점이 되고, 잘 해왔던 부분들마저도 빛을 잃는다. 아는 사람을 만나기가 부담스럽고, 누가 뭐라고 한 것도 아닌데 극도의 자괴감에 시달린다. 마음의 상처를 잊기 위해서 사소한 것들에 집착하게 된다.

포기란 또 다른 형태의 죽음이다. 따뜻하고 부드러웠던 모든 것들이 차갑고 딱딱하게 굳어버린다. 무슨 일을 해도 예전처럼 즐겁지 않다. 이제 남아 있는 것은 육체의 죽음을 향해서 묵묵히 걸어가는 일뿐이다.

꿈을 이루는 데도 요령이 있다. 성공에 대한 확신을 갖고 오늘 해야 할 일들을 하면 된다. 해야 할 일들을 완성하면 할수록 성공에 대한 확신이 점점 강해지고, 이런 확신은 다시금 기쁜 마음으로 일을 하게 만든다.

아무리 먼 거리도 자동차 바퀴가 끊임없이 굴러가면 목적지에 도달하게 되어 있다. '확신'과 '해야 할 일'의 연결고리가 끊어지지 않고 끝없이 회전하도록 만들면 누구나 성공할 수 있다.

그러나 대다수 사람들은 자신의 성공에 대해서 회의적이다. 오늘 해야 할 일을 제때 해내지 못하기 때문이다. 그러다 보니 회의가 들고, 당장 해야 할 일을 미뤄 둔 채 성공 확률을 따져 본 뒤, 한숨을 내쉰다.

사소한 것들에 빠져들게 되면 해야 할 일을 못하게 되고, '확신'이 점점 '불신'으로 변한다. '확신'과 '해야 할 일'의 연결고리가 끊어지면 패배감을 잊기 위해서 사소한 것들에 목숨 걸게 된다.

그러다 문득, 지난날이 생각나면 이렇게 말한다.

"자식, 좋을 때다! 나도 한때 비슷한 꿈을 꾼 적이 있었지."

이런 유형의 말을 하는 사람은 대개 사회의 아웃사이더이고, 인생의 패배자다. 그들은 얼굴에 미소를 짓고 있어도 가슴속은 시베리아 벌판처럼 황량하다.

어떤 이들은 이렇게 말한다.

"지금까지 잘해 왔잖아? 조금만 더 가 봐. 지금은 한 치 앞도 안 보이겠지만 고지가 바로 코앞이야!"

이런 유형의 말을 던지는 사람은 사회의 인사이더이고, 인생의 승리자다. 그들은 애써 미소를 짓지 않아도 어딘지 모르게 빛이 난다.

인간은 생명이 붙어 있는 한 가슴에 꿈을 간직해야 하고, 끊임없이 도전해야 한다. 꿈과 도전이 없는 삶은 허망하다.

이 세상에 나와 있는 모든 것들은 누군가 꾸었던 꿈의 결정체다. 예술품이나 발명품은 물론이고, 우리가 입고 있는 옷 한 벌에도 누군가의 꿈이 담겨 있다. 우리는 누군가 꾸었던 꿈속에서 잠을 자고, 누군가 꾸었던 꿈을 입고, 누군가의 꿈을 먹고, 누군가 꿈을 만지작거리며 누군가와 소통하고, 누군가 꾸었던 꿈을 타고 다닌다.

우리는 꿈으로 둘러싸인 채 살아간다. 따라서 내가 어떤 꿈을 꾸든 그 꿈 또한 반드시 이룰 수 있다. '확신'과 '해야 할 일'의 바퀴를 꾸준히 굴리기만 한다면.

현실이 고달프더라도, 거대한 장벽이 앞을 가로막더라도 꿈을 포기하지 말라. 실제 현실은 그토록 고달프지 않을 뿐더러 장벽은 거대하지 않다. 단지, 순환의 연결고리가 끊어져서 꿈을 포기하기 위한 변명일 뿐이다. 뇌가 스스로를 합리화하기 위해서 그렇게 인식하는 것뿐이다.

이 세상에 이루지 못할 꿈은 없다. 나 자신의 잠재 능력을 믿고, 꿈을 이룰 수 있다는 확신을 가져라. 그런 다음 목표를 세우고, 매일 해야 할 일을 세분화하라. 바퀴를 쉼 없이 굴리면 언젠가는 꿈을 이루게 된다.

더 늦기 전에 결정하라.

인생의 승자로 살 것인지, 패자로 살 것인지.

미래에 투자하면
그 날은 반드시 찾아온다

살면서 한 가지 깨달은 점은 미래의 한 시점에다 깃발을 꽂아놓으면 그 날은 반드시 찾아온다는 사실이다. 1988년 올림픽도 그랬고, 2002년 한일월드컵도 그랬다. 보나마나 2022년 카타르 월드컵도 그렇게 될 것이다. 처음 유치가 발표될 때는 까마득하게 느껴지지만 순식간에 개최일이 찾아오고, 이내 추억이 된다.

10년 뒤에 나는 어디서 무엇을 하고 있을까?

머릿속에다 구체적으로 그 모습을 그리고 살면 그 날은 반드시 찾아온다. 완전히 똑같지는 않더라도 비슷한 모습으로 그 날을 맞게 된다. 왜냐 하면 인간은 생각하는 대로 행동하고, 행동하는 대로 이루는 존재이기 때문이다.

과거에 대한 투자는 어리석지만 미래에 대한 투자는 충분한 가치가 있다. 그러나 많은 사람들이 미래에 대한 투자마저 망설인다. 투자에 대한 확신이 안 서기 때문이다.

L은 대학을 졸업하고 대기업에 입사했다. 3년 남짓 직장 생활을 하던 그는 퇴근길에 문득, 깨달았다. 내가 꿈꾸었던 삶은 지금의 모습이 아니라는 것을. 그는 유학을 가서 공부를 계속하고 싶었다. 못 다 한 꿈을 이루고 싶었지만 떠나려니 걸리는 문제가 한두 가지가 아니었다. 영어도 완전하지 못한 데다 경제적으로 넉넉한 형편도 아니었다. 게다가 나이는 어느덧 서른 살이었고, 결혼을 전제로 해서 사귀는 여성까지 있었다. 고민하던 L은 은사를 찾아가서 상담했다.

백발의 노교수는 묵묵히 경청한 뒤 이렇게 말했다.

"이 길이 아니라고 느꼈다면 곧바로 돌아가는 게 현명하다네. 세월이 흐르면 흐를수록 점점 멀어져서 꿈을 이루기 힘들거든. 자네, 공부가 모두 끝날 때까지 칠팔 년쯤 걸린다고 했나? 그럼 넉넉하게 십 년쯤 잡자고. 십 년이란 세월이 아득해 보이지? 후후! 내가 인생을 살면서 깨달은 단, 한 가지 진리가 있다네. 그것은 바로, 앞에서 볼 때는 까마득한 세월도 돌아보면 짧다는 거야. 일단 첫발을 내딛게. 나머지는 세월이 다 해결해 줄 테니."

L은 은사의 말에 용기를 얻어 유학을 떠났고, 그 뒤로 십 년이 흘렀다. L은 사귀던 여성과 우여곡절 끝에 헤어졌지만 유학중에 만난 여성과 결혼했고, 지금은 두 아이의 아버지가 되었다. 물론 그가 꿈꾸었던 대로 유전공학 박사학위를 따서 대학에서 강연도 하면서 연구소에서 연구원으로 일하고 있다.

인간의 뇌는 다른 동물과 달리 전두엽이 발달해 있다. 전두엽의 발달은 인간으로 하여금 미래를 상상하고 계획할 수 있는 능력을 안겨주었다. 그러나 '나의 안전'을 최우선으로 여기다 보니, 쓸데없는 생각이 많아져서 실천력이 떨어진다는 단점이 있다.

꿈을 향해 직접 부딪쳐 보지도 않고, 지레짐작만으로 포기한 사람이 그 얼마나 많은가? 사실 방법이란 찾아보면 있게 마련이다. 앞에서 보면 발 디딜 틈 없이 빽빽해 보이는 숲도 막상 들어가 보면 헤치고 나갈 공간이 있다. 머릿속으로 굴리고 있으면 해결 방법이 없는 고민도 막상 부딪쳐 보면 쉽게 풀린다.

세상 모든 일들은 긍정적인 면과 부정적인 면을 동시에 지니고 있다. 긍정적인 면만을 보기 시작하면 쉽게 이룰 것 같고, 부정적인 면만을 보기 시작하면 도저히 이룰 수 없는 일처럼 느껴진다.

꿈을 이루기 위해서는 긍정적인 시각을 지닐 필요가 있다. 긍정적으로 살아가다 보면 인생 자체가 긍정적으로 변한다.

인간은 기억의 동물이다. 과거로부터 자유로울 수 없다.

꿈을 이루지 못한 인생은 회한, 그 자체다. 돌아보면 지난날들이 상처뿐이고, 뿌연 먼지로 뒤덮여 있다. 반면 꿈을 이룬 인생은 기쁨, 그 자체다. 그 당시에는 견디기 어려웠던 상처마저도 찬란하게 빛난다.

'성공한 인생이냐, 실패한 인생이냐'를 가르는 것은 재산, 권력, 명성 등이 아니라 '꿈을 이루었느냐, 못 이루었느냐'에 달려 있다.

꿈과 더 멀어지기 전에 걸음을 멈추고 돌아보라. 내가 지금 꿈을 향해서 다가가고 있는지, 아니면 엉뚱한 곳에서 허송세월을 보내고 있는지. 인생은 하고 싶은 일만 하면서 살다가기에도 짧다. 엉뚱한 곳에서 서성일 시간이 없다.

만약 꿈과 멀어져 있다면 지금 당장 돌아가라. '너무 늦었어!'라거나 '이제 와서 뭘 어쩌겠어?'라고 말하지 말라. 심장이 뛰고 있다면 결코 늦은 게 아니다.

꿈을 이루기 위해서는 긍정적인 시각을 지닐 필요가 있다.
긍정적으로 살아가다 보면 인생 자체가 긍정적으로 변한다.

일을 시작할 때는
치타의 법칙을 기억하라

"더 늦기 전에 내 사업을 해야겠어!"

중소기업에 다니던 H는 입버릇처럼 말했다.

H는 신중하고 치밀한 성격의 소유자다. 대인 관계는 물론이고 일 처리도 빈틈이 없다. 거기다 총명하기까지 해서 그는 회사에서 승승 장구했고, 사장의 사랑을 독차지했다. 그러나 그는 직위가 올라갈수록 직장인으로서의 비애를 절감해야 했다. 여러 개의 대형 프로젝트를 성사시켜 회사에 엄청난 수익을 올려줬지만 그에게 돌아오는 보상은 보잘 것 없었다. 동료들에 비해서 빠른 승진과 약간의 보너스가 전부였다.

"그래, 내 사업을 해서 내 능력을 마음껏 펼쳐 보자!"

막상 직장을 그만두고 사업을 시작하려니 쉽게 발걸음이 떨어지지 않았다.

초창기에 그의 발목을 잡은 것은 사업 자금이었다. 빚을 내서 사업을 하려고 했으나 주변에서도 만류했고, 그 역시 불안했다.

'조금만 더 참고, 사업 자금을 모아 보자!'

그는 계획을 세우고 사업 자금을 모으기 시작했다. 투잡을 뛰기도 했지만 월급쟁이다 보니 목돈을 모으기가 쉽지 않았다. 애초 계획은 5년이었는데 자금 액수를 좀 더 키우다 보니 10년이 걸렸다.

'이제 됐어! 내 사업을 시작하는 거야!'

회사에 사직서를 내겠다고 하자 이번에는 아내가 반대했다. 아이들이 대학에 진학할 때까지라도 안정적인 삶을 살고 싶다는 것이었다. 큰 아이는 고2, 작은 아이는 중3이었다. 길어야 4~5년이었다.

H는 이왕 늦게 시작하는 거 몇 년 더 기다리기로 작정했다. 세월은 흘렀고, 마침내 작은 아이가 재수 끝에 대학에 들어갔다.

벼르고 별렀던 H가 회사에 사직서를 내려고 했으나 그럴 필요가 없어졌다. 확장 일변도로 급성장했던 회사는 세계 경제가 침체기에 접어들자, 벌여놓은 사업을 정리하느라 정신이 없었다. 결국 불황을 극복하기 위한 구조조정이 이루어졌고, 자의반 타의반으로 그는 회사를 그만두었다.

상황이 좋지 않았지만 배수진을 치는 기분으로 전 재산을 털어서 사업을 시작했다. 평생을 몸담고 일했던 건설 분야여서 나름 자신이 있었다. 하루에 두세 시간만 자면서 사업에 매달렸지만 결국 쓴맛을 봐야만 했다.

"지지리도 운이 없었어! 아, 이토록 깊은 불황이 찾아올 줄이야!"

H는 모든 걸 운으로 돌렸지만 나의 생각은 달랐다. 그가 사업에 실패한 건 '치타의 법칙'을 몰랐기 때문이었다.

치타는 식성이 까다롭다. 같은 고양이 과 동물인 표범은 다른 동물이 먹다 남긴 고기도 먹고, 생존에 필요하다고 판단되면 심지어는 과일을 먹기도 한다. 그러나 치타는 끼니때마다 사냥을 한다.

치타가 사냥할 때는 한 가지 법칙이 있다. 사냥은 어느 정도 힘이 남아 있을 때 해야지, 굶주림이 극에 달할 때까지 기다리면 안 된다는 것이다. 굶주린 치타가 사냥을 잘할 것 같지만 실제로는 그렇지 않다. 사냥감을 쫓는 동물이나 달아나는 동물이나 목숨이 걸려 있기 때문에 절박함은 무기가 될 수 없다. 굶주린 치타는 힘이 없어서 사냥에 실패하고, 빈곤의 악순환이 계속되다 보면 결국 굶어 죽는다.

사업도 마찬 가지다. 주위 여건이 살아 있고, 경제적으로 정신적으로 어느 정도 여유가 있을 때 시작해야 한다. 그래야만 뜻하지 않았던 위기가 닥쳐도 버틸 수 있고, 도움을 줄 귀인이 나타날 여지도 있고, 자기 연민에 빠지지 않고 정확히 상황을 판단하여 적절하게 대처할 수 있다.

세상이 급속도로 변화하면서 기업의 수명 역시 점점 짧아지고 있다. 변화를 자연스럽게 받아들이지 않으면 생존할 수 없는 세상이다. 그런데 여전히 많은 사람들이 환경이 바뀌는 것을 두려워한다. 변화를 두려워하면 결국 도태될 수밖에 없다. 굶주린 치타처럼 너무 늦게 사냥에 나서면 그때는 죽을힘을 다해도 결국은 사냥에 실패할 수밖에 없다.

언젠가는 꼭 해 보고 싶은 일이라면, 꿈과 도전의식이 활활 타오를 때 시작하라. 주변 사람들이 실패했다고 해서 나도 실패할까봐 두려워마라. 성공이란 실패라는 이름의 꽃들 사이에서 피어나는 꽃이다.

차라리 일찍 시작하고 일찍 실패하라! 치타의 법칙만 기억한다면 다시 힘을 축적해서 새롭게 도전해 볼 수 있다. 또한 실패의 경험은 나의 능력을 높여 주고, 꿈을 이루는데 있어서 중요한 자산이 된다.

성취감을 맛보아야
목표를 이룰 수 있다

자수성가한 아버지로부터 어마어마한 유산을 물려받은 사업가가 있었다. 그러나 그는 아버지와 달리 손대는 사업마다 실패했다. 재산은 점점 줄어들었고, 마침내 모두 먼지처럼 사라지고 말았다. 마음의 병을 얻은 그는 부랑자처럼 거리를 이리저리 떠돌아다녔다.

'어떻게 단, 한 번도 성공하지 못할 수가 있단 말인가?'

낮에도 마음이 아팠지만 특히 밤만 되면 잠을 이룰 수 없을 정도로 고통스러웠다. 마치 무거운 돌덩어리가 가슴에 박힌 듯했다. 그러던 어느 날, 병을 고쳐 준다는 도인이 동굴에 살고 있다는 소식을 듣고 먼 길을 찾아갔다. 그는 지난날을 솔직하게 털어놓은 뒤 고통을 호소했다. 묵묵히 듣고 난 도인은 밖으로 나가더니 한 그루 묘목을 들고 왔다.

"제자가 선물한 귀한 나무인데 보다시피 죽기 일보 직전이오. 그대가 갖고 가서 정성껏 키워 보시오."

그는 도인이 건네 준 묘목을 들고 동굴을 나왔다. 걷다 보니 강이 앞을 가로막았다. 그는 말라비틀어진 묘목을 강변에 심었다. 그 옆에 움막을 짓고 지극정성으로 묘목을 돌보기 시작했다. 그의 마음을 안 걸까. 시간이 흐르자 묘목은 점점 살아나기 시작했고, 마침내 이파리가 돋아나고 꽃이 피었다.

"오, 세상에! 이토록 아름다운 꽃이 있다니…."

그의 기쁨은 이루 말할 수 없었다. 나무 옆에 매미처럼 붙어서 온종일 붉은 꽃잎을 들여다보던 그는 문득, 자신의 마음을 무겁게 짓누르고 있던 고통이 감쪽같이 사라졌음을 깨달았다. 도인이 그에게 준 것은 한 그루 나무가 아니었다. 그것은 바로 '성취감'이었다.

성취감이 없는 꿈은 마른 나무와도 같다. 아무리 종자가 좋아도 이내 시들어 버린다. 목표를 세우고, 꿈을 향해 달려가는데 잊지 말아야 할 것이 바로 성취감이다.

얼마 전에 오랫동안 판사로 일하다가 변호사로 전업한 고등학교 동창을 만났다. 그 친구는 초등학교 때부터 대학을 졸업할 때까지 줄곧 우등생이었고, 사법 연수원마저도 우수한 성적으로 졸업할 정도로 공부에는 일가견이 있었다. 내가 공부의 비결을 묻자, 이렇게 대답했다.

"중학교 2학년 때 처음으로 전교 1등을 했어. 물론 그 전에도 우등생이긴 했지만 전교 1등을 하자 주위에서 나를 대하는 태도가 완전히 달라지더라. 부모님이나 친척들은 물론이고, 선생님들마저도 나를 어른처럼 존중해 주는 거야. 친구들은 존경의 눈빛으로 나를 바라보고…. 마치 왕좌에 앉은 기분이었지. 그 누구에게도 그 자리를 빼앗기고 싶지 않더라고. 그래서 그때부터 죽어라 공부만 했어!"

P의 인생을 이끈 것도 일종의 '성취감'이었다. 고기도 먹어 본 사람

이 잘 먹듯이 승리도 해 본 사람이 하게 마련이다. 한 번 승리하기가 힘들지 두 번째부터는 한결 수월하다. 할 수 있다는 자신감이 붙은 데다 승리의 패턴을 알고 있기 때문이다.

꿈을 이루는 일은 어찌 보면 강 건너기와 흡사하다. 강폭이 넓으면 넓을수록 징검다리를 많이 놓아야 하듯이 꿈이 크면 클수록 곳곳에서 성취감을 느낄 수 있도록 계획을 짜야 한다. 작은 일들을 하나씩 성공시키면서 꿈을 향해 뚜벅뚜벅 다가가다 보면 인생도 즐겁고, 마음도 가벼워서 모든 일들이 술술 풀린다.

만약 지금까지 실패로 점철된 인생을 살아왔다면 먼저 승리의 기분이 어떤 건지 맛볼 필요가 있다. 노력하면 이룰 수 있는 작은 목표를 설정하라. 지리산 종주도 좋고, 해병대 캠프에 참가해도 좋고, 노래에 자신 있으면 노래자랑에 나가도 좋고, 마라톤 대회에서 완주해도 좋고, 목표 액수를 정하고 돈을 모으기도 좋다.

준비부터 시작해서 목표를 달성하기까지의 전 과정을 빠짐없이 기록하라. 가급적이면 마음의 상태까지 기록해 둘 필요가 있다. 시작할 때의 의지, 장벽에 부딪쳤을 때의 불안감, 불안감을 극복하는 과정, 목표를 달성했을 때의 성취감을 세세하게 기록하라.

훗날 목표를 이루고 나면 수시로 읽으면서 승리의 공식을 파악하라. 그런 다음 더 큰 목표에 도전하라. 승리의 패턴만 익혀서 내 것으로 만든다면 못 이룰 목표가 없다.

누구도 한 걸음에 사다리 끝까지 올라갈 수는 없다. 그러나 한 걸음씩 오르다 보면 목표점에 오르듯이, 꿈이 요원해 보일수록 스스로 잘한 점을 칭찬해 주며, 눈앞의 목표를 향해서 뚜벅뚜벅 걸음을 옮겨야 한다.

긍정 마인드가
꿈을 키운다

살다 보면 중요한 순간에 잘못된 판단을 내릴 때가 있다. 냉철한 판단을 가로막는 가장 큰 심리적 요인은 불안감이다. 불안감은 안개와 같아서 한 번 그 안에 갇히면 앞을 내다볼 수 없다. 사람들이 자살하는 이유도 까닭모를 불안감에 사로잡히기 때문이다.

인간의 뇌는 고도로 복잡한 사회다. 과장도 심하고, 엄살도 심하다. 냉정하게 관련 자료를 분석하고, 습득한 정보와 취합해서 생각하고 판단하는 것이 아니라 실제 상황보다 한껏 부풀리거나 축소하는 경향이 있다.

큰일을 계획하고 있을 때는 그 일과 아무 상관없는 작은 일이 술술 풀리면, 왠지 모든 일이 잘 될 것 같아서 기분이 좋다. 반대로 아침 식사를 하는데 접시나 유리잔이 떨어져 깨지면 왠지 일이 잘 안 풀릴 것 같아서 겁을 집어먹는다.

또한 뇌는 복잡한 것을 싫어해서 자신이 듣고 싶은 부분만 듣고, 보고 싶은 것만 보는 성향이 있다. 인간을 '감정의 동물'이라고 하는 것도 뇌의 이러한 속성들 때문이다.

실직이나 파산에 대한 불안감도 실제로 닥쳤을 때보다 상상하고 있을 때가 더 불행하고 비참하다. 파산이나 실직을 상상하면 눈앞이 깜깜해진다. '이제 앞으로 세상을 어떻게 살아가지?'하며 괴로워하다가 막상 당하고 나면 의외로 마음이 편해진다. 뇌는 앞으로 닥칠 일들은 미리부터 예측하며 걱정하지만 이미 엎질러진 일들은 스스로 합리화시키는 경향이 있기 때문이다.

우리는 그 누구도 밟아본 적 없는 '미래'라는 미지의 세계를 향해 걸어가고 있는 여행자다. 미래를 예측할 수 없기에 가슴 한구석에 불안감을 숙명처럼 안고 살아갈 수밖에 없다. 한평생 살아가면서 한 번도 자신의 미래에 대해서 불안감을 느껴본 적이 없다면 그는 사람이 아니라 이미 신의 경지에 오른 사람이다.

문제는 어떻게 불안감을 극복하느냐에 달려 있다. 불안감은 의식과 무의식이 감지해 낸, 앞으로 벌어질 일에 대한 일종의 경고다. 그 경고는 맞을 수도 있지만 틀릴 수도 있다.

긍정 마인드와 부정 마인드는 경고에 대한 대응 방식이다. 긍정 마인드를 지니고 있는 사람은 불안감을 느끼면 그 실체만을 바라본 뒤, 이내 잊어버린다. 반면 부정 마인드를 지니고 있는 사람은 실체와 함께 그것들이 가져올 파급 효과까지 바라본 뒤, 계속 생각한다.

IMF 사태가 터졌을 때였다.

절친한 친구 사이였던 K와 L의 대처방식은 정반대였다. 비관론자였던 K는 10년 이내에는 한국 경제가 회생하기 힘들다고 보고, 보유하고 있던 주식과 부동산을 헐값에 처분했다. 현금을 확보해 두었다가 주식과 부동산이 바닥을 치면 다시 매입하기 위함이었다.

긍정론자였던 L은 정확한 시기는 예측할 수 없지만 한국 경제가 머잖아 회생할 것을 믿었다. 그는 보유하고 있던 주식은 묻어둔 채 경매 시장에 뛰어들었다. 부동산 시장이 무섭게 추락하자 여윳돈과 아파트 담보 대출금으로 헐값에 나온 아파트를 낙찰 받았다.

정확히 10년이 흐른 뒤, K와 L이 다시 만났다. 비슷한 재력가였던 그들은 하늘과 땅만큼 차이가 벌어져 있었다. 비관론자였던 K는 충분한 현금을 확보하고 있었지만 다시 사야 할 시기를 놓치고 말았다. 애초 계획은 바닥을 치고 오를 때 산다는 것이었다. 그런데 막상 바닥을 치고 오르자, 다시 떨어지면 어떡하나 하는 불안감 때문에 투자를 할 수 없었다.

반면 긍정론자였던 L은 묻어두었던 주식이 열 배 가까운 수익을 안겨 주었고, 매입한 아파트 역시 다섯 배 넘게 뛰었다. L에게 국가 위기 상황이었는데, 아파트를 매입할 때 불안하지 않았느냐고 묻자 그는 이렇게 대답했다.

"불안할 게 뭐 있습니까? 대한민국이란 배가 침몰하면 나만 죽는 게 아니라 다함께 죽는 건데…. 난 그때나 지금이나 한국 경제의 저력을 믿어요!"

부자는 비관론자보다 긍정론자가 많다. 아이디어를 내고 계획하는 일은 비관론자도 할 수 있지만 그 계획을 실천에 옮기는 일은 긍정론자가 하기 때문이다.

긍정 마인드는 타고 나기도 하지만 후천적으로 노력하면 키워진다. 세상의 일들은 대부분 긍정적인 면과 부정적인 면을 동시에 지니고 있다. 긍정적인 면을 바라보려고 의도적으로 노력하고, 긍정적인 생각을 하고, 긍정적인 말을 하다 보면 마인드가 점차 바뀌게 된다.

만약 충분히 노력했음에도 불구하고 도저히 불안감을 떨쳐 버릴 수가 없다면 종교를 갖는 게 좋다. 신은 불안감을 제거해 주고 덤으로 신념까지 불어넣어 준다.

간절함이 목표를
이루게 한다

'나는 몇 살까지 살 수 있을까?'

'남은 수명을 시간으로 계산하면 얼마나 될까?'

사람들은 가끔씩 자신의 수명을 궁금해 한다. 이런 사람들의 심리를 이용해서, 몇 해 전 남은 수명을 계산하는 손목시계 '티커(Tikker)'가 등장해 세상의 이목을 끌었다. 모양은 일반 전자시계와 흡사한데 하단에 남은 인생인 년, 월, 일, 시에다가 분과 초까지 뜬다.

그렇다면 어떻게 나의 수명을 계산할까?

티커를 구매하면 '어바웃 타임(About Time)'이라는 간단한 책자가 첨부되어 있다. 그 책자를 보고 나의 수명을 계산한 뒤 시계에 입력하면 된다. 물론 정확하지는 않지만 생명이 유한하다는 사실만은 확실하게 각인시켜 준다.

시계가 없더라도 우리는 대략 남은 수명을 계산할 수 있다.

우리는 인생을 흔히 마라톤에 비유한다. 인간이 태어나서 죽을 때까지의 거리를 마라톤 풀코스인 42.195킬로미터라고 가정하자. 편리한 계산을 위해서 0.195킬로미터는 지워 버리면, 우리가 살아 있는 동안 가야 할 거리는 42킬로미터다.

의학의 발달로 인하여 인간의 평균 수명은 계속해서 늘어나는 추세다. 그러므로 평균 수명을 현재보다 조금만 늘려 잡아서, 남녀 불문하고 84세라고 가정해 보자.

84를 42로 나누면 2로 맞아떨어진다. 즉, 1년을 거리로 바꾸면 500미터인 셈이다. 시간을 거리로 측정한다면 우리는 1년 동안 500미터를 가는 셈이다.

그렇다면 각자 서 있는 지점을 측정해 보자.

만약 20세라면 현재 10킬로미터 지점에 와 있다. 30세라면 15킬로미터, 40세라면 20킬로미터 지점에 와 있다. 중년의 나이인 42세라 하더라도 21킬로 지점이니 아직 인생의 반밖에 살지 않은 셈이다.

마라톤을 좋은 기록으로 완주하기 위해서는 달리는 페이스가 일정해야 한다. 그러나 인생은 다르다. 처음부터 끝까지 꾸준한 자세로 살아가면 좋지만 감정의 동물이기 때문에 사실 그렇게 살기는 쉽지 않다. 성공적인 인생을 살기 위해서는 목표로 삼은 중요한 구간만 잘 달려도 충분하다.

꿈을 이루는 일도 비슷하다. 물론 미켈란젤로나 가우디처럼 평생에 걸쳐서 자신의 꿈을 이루기도 하지만 대개는 몇 년만 집중적으로 매달리면 꿈을 이룬다. 마라톤으로 치자면 몇 킬로만 정신을 집중해서 달리면 된다.

지금 몇 살이든 간에 현재 서 있는 지점부터가 중요하다. 지나온 거리는 중요하지 않다. 과거에 연연할 필요도 없고, 아쉬워할 필요도 없다. 가난한 집안에서 태어났든 부잣집에서 태어났든, 명문대를 나왔든 못 나왔든, 재산을 모았든 못 모았든 간에 그것은 이미 지난 일이다.

앞으로 몇 년 동안을 승부처로 정하고, 인생의 승부를 걸어라. 몇 킬로만 혼신의 힘을 다해서 달리면 나머지 인생이 편해진다.

그렇다면 승부처는 어떻게 달려야 할까? 꿈을 이루기 위해서는 많은 것들이 필요하지만 3가지를 권하고 싶다.

첫째, 강한 집념을 가져라.

강한 집념을 갖기 위해서 간절함이 있어야 한다. 내가 성공하기 위한 이유를 찾아라. 강한 집념은 잠재된 능력을 일깨운다.

둘째, 시간을 집약하라.

어느 누구에게나 하루 스물네 시간이라는 시간이 주어진다. 그러나 시간은 사용자에 따라서 길이가 무한정 늘어나기도 하고 줄어들기도 한다. 경쟁자보다 한 발이라도 앞서기 위해서는 시간을 집약할 필요가 있다. 사소한 곳에 사용하는 시간을 최대한 줄여라.

셋째, 정신을 집중하라.

경쟁자들 보다 앞서기 위해서는 강한 집중력이 필요하다. 집중력은 달려야 할 거리를 줄여준다. 무슨 일을 할 때는 시간 개념조차 잊을 만큼 집중해야 한다. 정신을 한 곳에 모으면 세상에 이루지 못할 일이 없다.

기록하고 분석하는
습관을 길러라

성공을 꿈꾸는 사람들은 저마다 나름대로 이유가 있다.

자수성가한 사업가 K는 4남매 중 장남이었다. 그는 고등학교를 졸업하고 가족들의 생계를 위해 일찌감치 세상에 뛰어들었다. 직장에 다니면서 틈틈이 공부를 해서 방송통신대학을 졸업했다.

K는 고물상부터 부품 재활용센터, 가전제품 대리점, 의류 도매상, 가방 공장 등 십여 가지 직업을 전전했다. 지금은 주방기구 등을 생산해서 판매하는 중소기업을 경영하고 있다. 그의 꿈은 55세까지 현장에서 일하다 사업체를 유능한 직원에게 물려 준 뒤, '자유인'으로 사는 것이다.

"지금까지 제대로 두 다리 뻗고 쉬어 본 적이 없어요. 출장 이외에는 여행도 한 번 제대로 가 본 적이 없고요. 퇴직하면 마음 내키는 대로 하고 싶은 것도 마음대로 하면서 자유인으로 살고 싶어요!"

급변하는 세상을 몸으로 부딪치며 살아온 K가 가장 소중히 여기는

113

것은 낡은 몇 권의 수첩이었다. 수첩 속에는 인생의 목표, 사업 아이디어, 시간 사용 내역서, 약해지려는 자신을 다독이기 위한 결심 등이 빼곡하게 수록되어 있었다.

"기록하지 않는 건 기체나 마찬가지예요. 머릿속을 맴돌다 언제 사라져 버릴지 모르죠. 이렇게 기록해 두면 절대로 사라지지 않죠. 그 생각은 잠시 접어두고 다른 생각을 할 수도 있고요. 잠들기 전 하루를 정리하고, 내일을 계획하는데도 도움이 되죠."

꿈은 안개와 속성이 비슷하다. 분명 어떤 형체를 갖고서 다가왔는데, 어느 날 돌아보면 흔적도 없이 사라져 버린다. 그렇기 때문에 대다수의 사람들이 꿈을 이루지 못하는 건지도 모른다.

꿈을 이루고 싶다면 성공 노트를 만들 필요가 있다. 컴퓨터나 핸드폰을 이용해서 저장할 수도 있지만 그보다는 문구점에서 노트를 구입해서 펜으로 직접 쓰는 게 좋다. 컴퓨터나 핸드폰은 편리하기는 하지만 잃어버리기도 쉽다.

노트의 첫 장에다는 목표를 적고, 그 옆에다 목표를 달성할 시기를 적어라. 몇 년도 몇 월 며칠까지 어떤 목표를 이룰 것인지 정확히 명시하라. 단, 그 시기는 너무 멀리 잡지 않는 것이 좋다. 몸과 마음은 긴장의 *끈*을 조금이라도 늦추면 하염없이 늘어지려는 경향이 있다. 그렇다고 너무 조급하게 잡지도 마라. 내가 90%의 능력을 발휘한다면 이룰 수 있을 정도로 잡는 게 좋다.

그런 다음 단계별 목표를 설정하라. 월간 목표, 주간 목표, 일일 목표를 설정해서 아침저녁으로 들여다보고 체크하라.

아래 항목만큼은 별도로 관리해 나가라.

자신감 목표를 이루기 위한 목록 가운데 빼놓을 수 없는 것이다. 긍정적인 자기 암시를 통해서 꿈을 향해 꾸준히 다가가야 한다.

좋은 습관 목표를 이루기 위해서 내가 바뀌어야 한다. 현재 나의 부족한 점을 적고 변신 과정을 기록해 나간다.

자금 관리 목표를 이루기 위해서는 돈이 필요하다. 돈이라는 것은 관리하지 않으면 돌고 도는 속성이 있다. 관리하고 저축할 때 비로소 '내 돈'이 된다.

이 밖에도 자신의 목표를 이루는데 필요한 아이디어, 실천 목록, 인맥 관리, 시간 관리, 건강관리, 독서 목록…등등을 집어넣어서 실천해 나가다 보면 멀게만 느껴졌던 꿈에 한 발씩 다가가게 된다.

매일 밤마다 똑같은 반성을 하거나, 똑같은 결심만 한다면 바보다. 그것은 마치 백 미터 달리기를 하는데 제자리에서 달리거나 뒷걸음질 치는 것과 같다. 처음에는 더디더라도 한 발씩 꾸준히 앞으로 내딛는 게 중요하다.

가슴에는 꿈을, 손에는 성공 노트를 들어라. 매일 기록하고 관리하라. 처음에는 번거롭고 고단할지라도 훗날 나를 자유인으로 살게 하리니.

잘못된 관계는
청산하라

인간은 다양한 관계 속에서 살아간다. 가족, 친구, 직장 동료, 애인 등을 비롯해서 수많은 관계에 둘러싸여 있다. 인간은 환경의 동물이라서 주변 사람들에게 영향을 주기도 하고, 영향을 받기도 한다. 따라서 관계는 꿈을 이루는데 있어서 중요한 요소다.

어렸을 때의 관계는 지연이나 학연에 의해서 형성된다. 그러나 어느 정도 나이를 먹으면 '친구를 보면 그 사람을 알 수 있다'는 말처럼 경제적으로나 사회적으로 비슷한 처지의 사람들끼리 관계를 형성하게 된다.

관계에는 '유익한 관계'가 있고, '해로운 관계'가 있다. 나에게 용기와 자신감을 불어넣어 줘서 꿈을 향해 달려가게 하는 관계가 있다. 반면 소중한 시간만 무한정 잡아먹는 관계도 있고, 불필요한 감정을 소모하게 하는 관계도 있다.

나는 현재 제대로 된 관계를 맺고 있는지 간단히 테스트해 보자. 현

재 나에게 스트레스를 주는 집단이나 사람을 떠올리며 아래 물음에
답해 보라.

- 하나, 만나면 기분이 울적하거나 마음이 편하지 않다.
- 둘, 만나고 나면 시간 낭비라는 생각이 든다.
- 셋, 헤어질 때마다 왠지 손해 보고 있다는 느낌이 든다.
- 넷, 내 앞에서 노골적으로 흉을 보거나 등 뒤에서 나를 비방하는 것 같다.
- 다섯, 나를 이용하고 있다는 생각이 든다.
- 여섯, 외로워서 마지못해 만나지만 그들은 내 인생에 보탬이 되지 않는다.
- 일곱, 만났을 때나 만나고 난 뒤에는 화가 난다.

이 중 두 가지 이상 'yes'라고 대답했다면 그 관계에는 문제가 있다. 관계란 '행복을 주는 사이'여야 한다. 만일 아무 도움이 되지 않지만 외로움을 잊기 위해서 맺은 관계라면 더 늦기 전에 청산하는 게 좋다.

제대로 된 관계는 시너지 효과를 내게 되어 있다. 나태해진 나에게 자극을 주고, 꿈을 향해 달려가도록 보이지 않는 응원을 보내 준다.

반면 잘못된 관계는 나의 시간, 감정, 돈 등을 소모하게 한다. 내 꿈을 응원해 주기는커녕 꿈을 포기하도록 부추긴다. 이런 관계는 한시라도 빨리 청산해야 한다.

모든 관계에는 중독성이 있다. 매 맞는 아내가 남편과 헤어지지 못하는 이유 또한 중독성 때문이다. '지긋지긋해! 이번에는 정말 헤어질 거야!'라고 다짐하지만 매번 헤어지지 못하는 것처럼, '내일부터

는 정말 꿈을 향해 달려갈 거야!'라고 매번 결심만 할 뿐 실천을 못하고 있다면 그 이유가 무엇인지 돌아볼 필요가 있다. 만약 잘못된 관계 때문이라면 기존 관계를 청산하고 새로운 관계를 맺을 필요가 있다.

새 술은 새 부대에 담아야 한다. 꿈을 이루기 위해서는 과거의 속박으로부터 자유로워져야 한다. 가난, 콤플렉스, 살아가는데 조금도 도움이 안 되는 선배, 아까운 시간만 잡아먹는 친구나 동료, 우유부단한 못난 나의 모습 등과는 과감하게 결별하라.

그 대신 미래에 되고 싶은 나의 모습을 상상해 보라. 상상 속의 나와 어울리는 사람을 찾아서 관계를 맺어라. 과학자가 되고 싶다면 과학자와 관계를 맺고, 영화감독이 되고 싶으면 영화감독과 관계를 맺어라.

한 번에 너무 많은 관계를 맺으려고 노력할 필요는 없다. 내가 꿈을 향해서 나아가고 있다면 비슷한 꿈을 꾸고 있는 사람들이나 이미 꿈을 이룬 사람과 새로운 관계를 맺는 게 바람직하다. 내가 진심으로 그들을 대한다면 그들 역시 내가 꿈을 이룰 수 있도록 여러모로 도움을 주게 되어 있다.

경제적으로 풍요롭고 빈곤하고를 떠나서 서로 격려해 주며, 꿈을 향해서 함께 발을 내딛는 관계야말로 제대로 된 관계다. 만일 그런 관계라면 그들과 함께 하는 세월이 어찌 행복하지 않겠는가.

잘못된 관계는 더 늦기 전에 청산하라!

관계란 '행복을 주는 사이'여야 한다.
만일 아무 도움이 되지 않지만 외로움을 잊기 위해서
맺은 관계라면 더 늦기 전에 청산하는 게 좋다. .

상상만으로는
꿈을 이룰 수 없다

"미래에 어떤 일을 하겠노라고 이야기하는 것으로는 명성을 쌓을 수 없다."

포드 자동차를 설립한 헨리 포드의 명언이다. 그러나 많은 사람들이 꿈만 이야기할 뿐 실천을 미룬다. 평생 못 다 이룬 꿈만 이야기하다 인생을 마감하는 사람들이 대부분이다.

꿈을 이루기 위해서는 상상이나 말이 아닌 행동을 해야 한다. 그것도 구체적으로 행동을 해야만 꿈을 이룰 수 있다.

중학교 동창인 C의 꿈은 고향에다 제일 멋진 집을 짓고 사는 것이다. 그가 그런 꿈을 꾸게 된 데는 사연이 있다.

그의 집은 시골에서 몇 대에 걸쳐서 위세깨나 떨쳤던 부잣집이었다. 아버지가 무리하게 사업을 하다 전답을 모두 팔아먹고, 결국 고향집에서 야반도주하듯 서울로 상경했다. 산동네 허름한 벽돌집에서 힘겨운 서울 생활을 하며 어머니는 번듯했던 고향집을 그리워했다. C는 어머니의 꿈을 이루어주고 싶었고, 결국 그의 간절한 꿈이 되었다.

C는 대학에서 회계학을 전공했지만 건축물에 관심이 많았다. 지나가다가 멋진 집을 발견하면 걸음을 멈추고 집을 구석구석 훑어보았다. 한번은 남의 집 주변을 오래도록 서성이다가 도둑으로 오인 받고 경찰서에 끌려간 적도 있었다. 그래도 좋은 집을 발견하면 좀처럼 눈을 떼지 못하는 그의 습성은 사라지지 않았다.

그는 대학을 졸업하고 제약회사에 취직했다. 결혼해서 아이를 낳고 평범하게 살아가는가 싶었는데 하루는 난데없이 술을 마시다 말고 설계도를 보여주었다. 고향에다 지을 집이라며 자신이 직접 그린 설계도를 보여 주는 그의 눈빛은 별처럼 초롱초롱 빛났다.

몇 년이 흐른 뒤 우연히 그의 아파트에 들렀는데, 서재 한쪽에 스티로폼으로 만든 모형집이 놓여 있었다. 설계도면을 보고 그가 직접 만든 것이라고 했다. 어릴 적 그가 살았다는 집처럼 뒷마당에는 커다란 모과가 주렁주렁 열려 있었다.

하루는 C가 전화를 해서 바람이나 쐬러 가자고 했다. 마침 한가할 때여서 따라나섰더니 서울에서 세 시간 남짓 걸리는 고향집으로 데려갔다. 먼 거리임에도 불구하고 얼마나 자주 드나들었는지 모르는 사람이 없었다. 그가 나에게 보여 준 것은 개울가를 끼고 숲을 등지고 있는 땅이었다. 얼마 전에 매입했다며 그는 텅 빈 땅을 오래도록 바라보고 또 바라보았다.

그러던 재작년 가을이었다. 지인과 저녁을 먹다가 C로부터 전화를 받았다. 초저녁이었음에도 불구하고 만취해 있었다. 고향에 집이 완공되어서 대낮부터 한잔 했다며 나보고 당장 내려오라고 했다. 마치 자랑하고 싶어서 안달이 난 아이처럼.

얼마 뒤, 나는 그의 고향에 들렀다. 빈 터였던 개울 옆에 반듯한 집이 한 채 세워져 있었다. 그의 곁에서 귀에 못이 박이도록 듣고, 도면으로 보고, 모형까지 보았기 때문일까. 처음 방문하는 집인데도 조금도 낯설지 않았다. 나는 그의 집을 구석구석 돌아보았고, 마침내 그의 오랜 꿈이 이루어졌음을 실감할 수 있었다.

한 사람의 꿈이 이루어지는 과정은 C가 집을 짓는 과정과 흡사하다. 마음속으로 간절히 바라고, 끊임없이 관심을 기울이고, 잠자리에 들기 전에 소리 내서 꿈을 되뇌고, 도면으로 시각화하고, 그보다 좀 더 실감나게 하기 위해서 모형물로 입체화하고, 토지 구입과 같은 난관을 해결한 뒤 마침내 현실화시키는 것이다.

그러나 대다수는 마음속으로 간절히 바라기만 할 뿐 다음 단계로 진척시키지 못한다. 고작해야 한창 관심을 기울일 때 잠들기 전에 소리 내서 되뇌는 정도이다.

꿈은 마음속에만 가둬 두면 언제 사라져 버릴지 모른다. 꿈을 어떻게든 현실 속으로 끄집어내야 이루기가 쉽다. '견물생심'이라고 눈으로 보고, 손으로 만지다 보면 이루고 싶은 욕망 또한 간절해진다. 간절함이야말로 꿈을 이루는 비결이다. 사람들이 꿈을 이루지 못하는 이유는 간절함이 오래 지속되지 못하기 때문이다. 뜨겁게 달아올랐다가 냄비처럼 이내 식어버리는 꿈은 진정한 꿈이 아니다. 그것은 봄날의 몽상과 다를 바 없다.

할 수만 있다면 시각, 청각, 촉각, 후각 등 모든 기관을 이용해서 꿈에 한걸음씩 다가가라. 이 세상에는 상상만으로 이루어지는 꿈은 존재하지 않는다.

내부의 적을
내 편으로 만들어라

의대 본과 2학년에 올라가는 D양은 요즘 고민에 빠졌다. 그녀의 원래 꿈은 수학자였다. 중고등학교 때 수학경시대회에서 상을 휩쓸었다. 그녀는 남들이 잘 풀지 못하는 문제를 풀어낼 때마다 삶의 기쁨을 느꼈다.

불행은 학력고사가 끝나면서 시작됐다. 성적이 만점 가까이 나오는 바람에 주변의 강압에 못 이겨 의대에 진학했다. 그런데 아무리 참고 적응해 보려고 해도 적성에 맞지 않았다. 참다못해 예과 2학년 때 학교를 그만두겠다고 말을 꺼냈다가 아버지에게 실컷 꾸중만 들은 뒤, 오히려 설득당하고 말았다.

'그래, 조금만 참자! 남들은 못 들어가서 난리인데….'

그녀는 긍정적으로 생각하며 학교를 다녔다. 그러나 얼마 지나지 않아서 다시금 회의가 밀려왔다. 한 번뿐인 인생인데 좋아하지도 않은 일을 하며 살고 싶지는 않았다.

마음이 떠난 때문일까. 수업도 귀에 들어오지 않았고, 친구들하고도 공통된 화제가 없다 보니 서서히 외톨이가 되었다. 그녀는 학교를 그만두고 다시 학력고사를 치러 대학에 입학하기로 마음먹었다. 문제는 어떻게 가족을 설득하느냐 하는 것이었다. 성격이 급한 아버지는 보나마나 불같이 화를 낼 게 분명했다.

세상을 살아가다 보면 누군가를 반드시 설득해야 할 때가 있다. 하지만 설득이란 게 생각처럼 만만치가 않다.

설득하기 위해서는 먼저 상대의 마음을 정확히 읽어야 한다. 마음을 읽는 데는 여러 가지 방법이 동원된다. 심리, 잠재의식, 몸짓과 눈빛, 말투와 옷차림, 성장과정, 대인관계, 성격, 습관, 취향 등으로 마음을 헤아린다. 그런 다음 '흔들기'를 통해서 상대의 반응을 살피며 공략 가능한 급소를 찾아낸다.

설득에는 '마음이 실리지 않은 설득'이 있고, '마음이 실린 설득'이 있다. 영업사원이 고객에게 물건을 구매하도록 권유하는 설득은 전자다. 실패해도 마음이 실리지 않았기 때문에 후유증은 남지 않는다. 그러나 D양의 경우처럼 가족이나 가까운 친지를 설득하는 일은 후자다. 이런 설득은 자칫 잘못하면 서로가 커다란 상처를 입는다.

가까운 사람을 설득하는 데는 다섯 가지 요령이 있다.

첫째, 겸허한 자세로 경청한다.

설득을 하려면 상대의 마음을 알아야 한다. 그게 아니라고, 그렇지 않다고 반박하고 싶은 마음이야 굴뚝같겠지만 충동을 최대한 누르고 조용히 귀를 기울여라. 내가 하고 싶은 일을 반대하는 진정한 이유가 무엇인지를 파악해내는 것이 급선무다.

둘째, 급소를 공략하라.

세상 모든 반대에는 급소가 있기 마련이다. 때로는 그 급소가 '장래 성이 없기 때문'일 수도 있고, '낮은 임금' 때문일 수도 있고, '나쁜 평 판' 때문일 수도 있고, '적지 않은 나이' 때문일 수도 있다. 상대가 공 격해 들어오는 나의 급소는 상대의 급소이기도 하다. 역으로 잘 이용 하면 설득이 용이하다.

셋째, 내 편을 확보한다.

인간은 오랫동안 사회생활을 해 온 까닭에 '다수의 판단은 옳다'는 잠재의식을 지니고 있다. 일단 가족 중에서 내 편을 들어 줄 사람을 최대한 확보해야 한다. 내 편을 만들 때는 반대하는 사람보다 높은 위치에 있거나 대등한 위치에 있는 사람부터 공략해야 한다.

넷째, 전문가를 내세운다.

가족들이 내가 하고 싶은 일을 반대하는 근본적인 이유는 대개 불 확실한 미래 때문이다. 이럴 경우, 그쪽 방면에서 성공한 전문가를 앞 에 내세워서 설득하는 게 효과적이다. 사회에서 어느 정도 인정받는 전문가가 나의 재능을 칭찬해 주고, 성공 가능성이 높다고 띄워 주면 효과적으로 설득할 수 있다.

다섯째, 신뢰를 먼저 얻는다.

설득의 기본은 신뢰다. 내가 어떤 말을 해도 전혀 먹히지 않는다면 이미 신뢰를 잃었기 때문이다. 상대는 자신의 판단이 옳다고 믿고 있기 때문에 내가 조급해 하면 할수록 점점 더 결심은 굳어져 간다. 이럴 때는 한발 물러서서 시간을 갖고서 대응하는 게 좋다. 먼저 예전과는 확연히 달라진 모습을 보여 줄 필요가 있다. 바닥에 떨어진 신뢰를 회복하고 나면 반은 성공한 것이나 진배없다.

D양의 경우에는 할아버지나 어머니를 먼저 공략해서 내 편으로 만드는 게 좋다. 그런 다음 아버지를 설득하되, 내 주장을 앞세우기 보다는 아버지의 이야기를 충분히 들을 필요가 있다. 고집이 센 사람들은 흥분해서 이야기를 하다가 자신의 주장이 잘못되었음을 스스로 깨닫는 경향이 있다.

가족 중에 누군가 꿈을 반대한다면 물러서지 말고 설득해서 내 편으로 만들어라. 꿈을 향해 달려가려면 마음이 평온해야 했다. 내부에 적이 있으면 동기부여가 되기도 하지만 꿈을 포기하게 만드는 이유가 되기도 한다.

토론을 두려워하지 마라. 생각의 차이는 있을지언정 그들이 바라는 것과 내가 바라는 것은 같다. 바로 나의 행복이다. 마음을 터놓고 대화를 나눈다면 설득하지 못할 이유가 없다.

완성은 수많은 미완성을 거친 뒤
모습을 드러낸다

이 세상에 나와 있는 가치 있는 것들은 한 번에 완성되지 않는다. 물론 추하거나 볼품없는 것들은 한 번에 완성되기도 한다. 그러나 가치 있는 것들은 수많은 실패를 거친 뒤 완성된다. 마치 석공이 거친 돌로 정교한 조각상을 만들듯, 완성은 수많은 미완성을 거친 뒤 서서히 모습을 드러낸다.

아마추어란 좋은 결과를 낳기 위해서 공부하는 과정에 있는 사람이다. 따라서 결과에 크게 연연할 필요는 없다. 반면 프로는 일정한 공부를 마치고 결과로서 승부하는 사람이다. 결과가 모든 것을 말해준다.

프로는 반드시 아마추어의 과정을 거친다. 황제라고 칭송받던 이들도 한때는 모두 아마추어였다. 축구의 펠레, 야구의 베이비 루스, 농구의 마이클 조던, 골프의 타이거 우즈도 착실히 아마추어 과정을 거쳤기에 모두가 인정하는 프로 중의 프로가 되었다.

지금 부족하다고 해서 좌절하지 마라. 초조해하지도 마라. 모든 것을 한 번에 이루려고 하지 마라. 중요한 것은 어제보다 한 걸음 꿈을 향해서 더 다가가는 것이다.

펠레인들 처음부터 현란한 드리블과 슈팅 능력을 갖췄겠는가? 베이비 루스는 처음부터 홈런을 펑펑 터뜨렸겠는가. 마이클 조던이 처음부터 멋진 덩크슛을 할 줄 알았으며, 타이거 우즈인들 어릴 때부터 멋진 샷을 날렸겠는가?

아름다움은 반복 학습을 통해서 이루어진다. 처음에는 어설프고 추해 보일지라도 포기하지 않고 계속 연습하다 보면 점점 다듬어지면서 아름답게 변해 간다.

나는 학창시절에 마틴 루터 킹 목사의 '나에게는 꿈이 있습니다'라는 연설문을 읽고서 큰 충격을 받았다. 즉석에서 한 연설이라는데 어떻게 그렇게 적절한 표현을 쓸 수 있는지 놀라움을 금할 수 없었다. 그런데 나중에 알고 보니 즉석연설이 아니었다. 물론 원고 없이 한 연설이었지만 그 자리에서 생각해 낸 것이 아니라 평상시에 자주 애용하던 연설문이었다. 처음부터 훌륭한 연설문이었다기보다는 현장의 반응에 따라 수정과 보완을 거쳐서 세계인의 심금을 울린 명연설문으로 태어난 것이다.

세상에 가치 있는 것들은 한 번에 만들어지지 않는다. 뉴욕타임지의 기사에 의하면 우리가 사용하는 스마트폰 하나에도 무려 25만 개의 특허 기술이 들어가 있다고 한다. 지금의 모습으로 완성되기까지 얼마나 많은 오류를 겪었겠는가. 지극히 단순해 보이는 연필 한 자루도 수많은 오류를 겪은 뒤에야 지금의 모습을 갖추게 되었다.

실패했다고 좌절하기보다는 무엇을 보완하고 뜯어고치면 성공할 수 있을까에 대해서 골똘히 생각하고 연구해야 한다.

세상은 좋아졌다고 하지만 현대를 살아가는 일은 만만치 않다. 프로만이 인정받는 세상이기 때문이다. 프로들이 만든 영화를 보고, 프로들이 쓴 책을 보며, 프로들의 스포츠 경기를 보며, 프로가 만든 제품을 사용하며 살아가고 있다.

그렇다고 해서 기죽을 필요는 없다. 프로들이 활개를 치지만 세상에는 아마추어들이 훨씬 많고, 프로라고 완벽한 기량을 갖추고 있는 것도 아니기 때문이다. 노력 여하에 따라서 지금은 아마추어라 하더라도 얼마든지 프로들을 능가하는 프로가 될 수 있다.

한 분야에서 프로가 되고 싶다면 선배들이 만든 작품을 섭렵하거나 성공 과정을 유심히 눈여겨볼 필요가 있다. 그들은 하얀 설원 위에 발자국을 남긴 사람들이다. 자신만의 독창적인 세계를 완성하기 전까지는 그들의 뒤를 묵묵히 따라갈 필요가 있다. 어느 정도 자신감도 붙고 일정한 경지에 이르면 그 길에서 나와서 자신만의 발자국을 남기며 걸어가면 된다.

더 이상 되는 일이 없다고 투덜거리지 마라. 잠을 안자고 공부했는데 낙방했다고 좌절하지 마라. 중요한 프레젠테이션을 망쳤다고 자책하지 마라. 믿었던 고객이 등을 돌렸다고 낙담하지 마라. 심혈을 기울인 작품이 마음에 안 든다고 자신의 재능을 탓하지 마라.

지금은 마음에 차지 않는 미완성품일지라도 그것들을 다듬고 다듬다 보면 언젠가는 하나의 완성품이 된다. 중요한 것은 포기하지 않고, 매일 한 걸음씩 앞으로 나아가는 것이다.

지금 부족하다고 해서 좌절하지 마라.
초조해하지도 마라. 모든 것을 한 번에 이루려고 하지 마라.
중요한 것은 어제보다 한 걸음 꿈을 향해서 더 다가가는 것이다.

균형 감각을
잃지 마라

소설가를 지망하는 A와 B가 있었다. 대학에서 문학을 전공한 그들은 졸업 후 직장에 들어갔다. 10년이 흐른 어느 날, 그들은 작가가 되어야겠다고 결심했다.

나는 그들을 만나면 궁금해서 "작업은 잘 돼? 요즘 하루에 몇 매나 써?"하고 똑같은 질문을 던졌다.

A는 대답이 매번 달랐다. 어떤 날은 "어제 30매 썼어요! 밤을 꼬박 샜더니 회사에서 피곤해 죽겠더라고요."하고 자랑했고, 어떤 날은 "어젠 머릿속이 복잡해서 한 줄도 못 썼어요."하고 변명하듯이 말했다.

반면 다른 친구는 대답이 매번 비슷했다. "어제도 한 5매쯤 썼나 봐요. 하루에 매일 2시간씩 책상에 앉아 있는데 평균 5매쯤 쓰는 것 같아요."

B는 8개월이 지나자 장편 소설을 완성했고 공모전에 응모했다. 몇 차례 탈락의 고배를 마셨지만 좌절하지 않고 작품을 계속 퇴고해서, 마침내 공모전에 당선됐다. 그토록 원했던 작가가 된 것이다. 반면 A

는 3년이 지났지만 여전히 작품을 끝내지 못하고 있다.

두 사람을 가른 것은 꾸준함이다. 순간적인 열정이나 재능은 A가 더 뛰어났을지 몰라도 B 같은 꾸준함이 부족했다.

우리는 "저 친구 참 한결같아!"라는 말을 종종 사용한다. '한결같다'의 사전적 의미는 '처음부터 끝까지 변함없이 같다'는 뜻이다.

착한 척하고, 행복한 척하고, 열심히 공부하는 척하는 건 그리 어렵지 않다. 마음만 먹으면 누구나 할 수 있다. 그러나 항상 착하고, 항상 행복하고, 항상 열심히 공부하기란 어렵다. '한결같다'는 것은 어찌 보면 고수의 경지다. 지속적인 마음 상태를 유지하고, 지속적인 생활을 하기 위해서는 균형 감각을 갖춰야 하기 때문이다.

마음의 균형을 잃게 만드는 주범은 과욕이다. 성적이 저조한 학생은 학습 계획표가 아예 없거나 무리하게 짠다. 자신의 능력과 생활 습관을 고려하지 않고 무리하게 학습 시간을 늘리게 되면 장시간 버틸 수 없다. 의욕적으로 달려들어도 삼사일쯤 지나면 제풀에 지쳐 나가떨어진다. 반면 우등생은 한결같다. 공부하는 틈틈이 쉬고, 졸릴 때는 잠도 자가면서 공부한다. 컨디션을 잘 유지해야 학습 능력도 오른다는 사실을 오랜 경험을 통해서 잘 알고 있기 때문이다.

물론 매순간 최선을 다해서 사는 것도 중요하다. 그러나 그보다 중요한 것은 단, 하루라도 헛되이 소비하지 않는 것이다. 인생을 잘 살았느냐, 못 살았느냐를 평가할 때 그 사람이 살았던 단기간의 모습을 보고서 평가하지는 않는다. 인생이란 퍼즐 같은 것이다. 한 조각 한 조각이 모여서 그림이 되듯, 하루하루가 합쳐져서 그 사람의 인생이 완성된다.

일이든 공부든 간에 목표를 이루고 싶다면 균형 감각을 잃지 말아야 한다. 처음부터 목표치를 너무 높이 잡지 않는 것이 중요하다. 일반적으로 목표 설정은 '그 사람이 최선을 다하면 달성할 수 있을 정도가 적당하다.'고 한다. 하지만 그것도 모든 사람에게 해당되는 건 아니다. 감정 변화가 심하거나 생활 습관이 나쁜 사람은 그보다 낮춰서 잡아야 한다. 그래야 포기하지 않고 꾸준하게 해나갈 수 있다. 삼사일 열심히 하고 이삼일 쉬는 것보다는 일주일 내내 평균 이상을 해내는 쪽이 효율적이다.

균형 감각은 대인관계에서도 중요하다. 어떤 때는 간이라도 빼줄 듯 살갑게 굴다가도 어떤 때는 얼음장처럼 차갑게 대한다면 그 관계는 오래 지속되지 못한다. 꾸준한 모습을 보여 줄 때 대인관계의 기반이랄 수 있는 신용이 쌓이게 된다.

균형 감각을 유지하는 비결은 일정한 생활 패턴에 있다. 인간은 환경의 동물이기 때문에 생활이 변하면 마음도 변하게 마련이다. 목표를 세우고 한창 달려가는 중이라면 생활 패턴을 일정하게 유지할 필요가 있다.

세상에는 곳곳에 덫이 깔려 있다. '심심풀이 삼아 이거 한 번 해 볼까?'하는 생각을 경계하라. 균형 감각을 깨는 적들은 바로, 사소한 호기심이다. 우습게 여겼다가는 사소한 것에 발목 잡혀서 허송세월을 보내게 된다.

불길이 은은한 나무가 오래 타는 법이다. 한 번에 자신의 모든 것을 사르려고 덤벼들지 마라. 생활 패턴을 단순화시킨 뒤, 균형 감각을 유지한 채 꾸준히 전진하라. 겉보기에는 평범해 보여도 그것이 가장 실속 있는 삶이다.

경쟁 상대가
나를 달리게 한다

달리기, 수영, 스피드 스케이팅 같은 기록경기 선수들은 대회에서 종종 자신의 최고 기록을 세운다. 연습 때보다 긴장된 상태임에도 불구하고 좋은 기록을 내는 까닭은 경쟁 상대와 함께 하기 때문이다.

라이벌 관계가 구축되면 시합할 때는 물론이고, 연습할 때도 훌륭한 파트너가 된다. 시합에서 이기는 상상을 하며 땀방울을 흘리기 때문이다.

피겨에서 동갑내기 라이벌이었던 아사다 마오와 김연아는 경쟁을 했기 때문에 더 열심히 연습했고, 더 좋은 연기를 펼칠 수 있었다고 고백했다.

선의의 경쟁관계는 스포츠뿐만 아니라 과학이나 예술, 의학 분야에서도 쉽게 찾아볼 수 있다. 에디슨과 테슬라, 레오나르도 다빈치와 미켈란젤로, 융과 프로이트 등 모든 영역에서 불꽃 튀는 경쟁을 벌였다.

사실 지나친 경쟁은 자제해야 한다. 서로가 피를 흘려가면서까지 짓밟기 위한 경쟁은 어느 누구에게도 바람직하지 않다.

그러나 경쟁이 없으면 발전도 없다. 자본주의와 공산주의의 이데올로기 싸움에서 승패를 가른 것은 바로 경쟁이었다. 다른 사람보다 열심히 일하면 더 잘 살 수 있다는 자본주의의 경쟁 논리가 모두가 열심히 일해서 똑같이 잘사는 세상을 지향하던 공산주의를 무너뜨렸다.

국가가 발전하고, 사회가 발전하기 위해서 선의의 경쟁은 반드시 필요하다. 특히 나를 변화시키는데 선의의 경쟁만큼 좋은 자극제도 없다.

P는 지방에서 고등학교를 졸업하고 서울로 상경했다. 포부는 컸지만 서울 생활은 결코 만만하지 않았다. 삼십대 초반까지 일일 노동자로 근근이 먹고 살던 그는 지하철을 타려다가 우연히 고향 친구를 만났다.

반가운 마음에 함께 술을 마셨고, 술에 취하자 친구는 한잔 더 하자며 자신의 집으로 데려갔다. 대문을 열고 집안으로 들어서는 순간, 그는 충격을 받았다. 자신은 산동네 무허가 집에서 사글세로 사는데 넓은 정원까지 딸린 이층집은 질투심을 느끼게 하기에 충분했고, 질투심은 이내 자신에 대한 분노로 바뀌었다.

'학교 다닐 때 나보다 공부도 못하던 놈이 맨손으로 이만큼 일구는 동안 난 대체 어디서 뭘 했던 거야?'

분노는 다시금 결심으로 바뀌었다.

'좋다! 네가 했는데 나라고 못하겠는가? 나는 반드시 너보다 더 큰 집을 사겠다!'

P는 그 날 이후로 완전히 바뀌었다. 일이 끝나면 빼먹지 않고 들르

던 술집 대신에 친구의 가방 가게로 향했다. 물건 정리도 도와주고, 청소도 해 주면서 친구가 돈을 번 노하우를 보고, 듣고, 배우며 미래를 계획했다.

그는 친구보다 늦게 장사에 뛰어들었지만 십오 년 만에 친구보다 더 큰 부자가 되었다. 물론 친구가 P에게 여러모로 도움을 주었기에 가능한 일이었다. 어느 정도 돈이 모이자, P는 친구보다 더 큰 집을 보러 다니다가 상가 건물에 눈을 돌렸다.

"곰곰이 따져 보니까 커다란 집을 구입하는 것보다 상가 건물을 구입하는 게 효율적이더라고요. 친구가 사는 집보다 덩치도 크고요!"

P에게 있어서 고향 친구는 훌륭한 멘토요, 선의의 경쟁자였다. 그는 동대문에서 가방 장사를 해서 번 돈으로 건물을 여러 채 샀다. 지금은 건물 임대수입만으로 생활하고 있다.

경쟁심은 이처럼 인간의 삶을 송두리째 바꾸기도 한다. 생활에 아무런 자극이 없거나 열심히 하는 데도 더 이상 발전이 없다면 경쟁 상대를 만드는 것도 하나의 방법이다.

그러나 누군가를 경쟁상대로 삼을 때는 세 가지 원칙이 있다.

하나, 나하고 비슷한 꿈을 지니고 있어야 한다.

분야가 달라도 경쟁 상대가 될 수 있지만 가급적이면 비슷한 꿈을 갖고 있는 사람이 좋다. 그래야만 현실적인 느낌이 들고, 상대가 발전하면 자극을 받아서 더욱 더 노력하기 때문이다.

둘, 나보다 엇비슷하거나 앞서 가야 한다.

나보다 못한 사람과 경쟁을 하면 방심하게 되고, 지나치게 앞서 가는 사람과 경쟁하게 되면 좌절해서 포기할 수도 있다.

셋, 남을 짓밟기보다는 도우려 하는 성품이어야 한다.

경쟁 상대는 상호 협력하는 관계여야지, 짓밟는 관계라면 곤란하다. 악독한 사람과의 경쟁은 인성을 해치고, 꿈을 이루겠다는 의지를 꺾는다.

절대로 큰길에서
벗어나지 마라

휴전선 부근의 비무장지대에는 '길이 아니면 가지를 마라!'라는 문구가 곳곳에 쓰여 있다. 사정을 모르는 사람에게는 철학적인 문구로 비칠지 몰라도 비무장지대에 근무하는 병사들에게는 섬뜩한 문구다. 다름 아닌 '지뢰를 조심하라!'는 말과 동일한 내용이기 때문이다.

'길이 아니면 가지를 마라!'는 문구는 누가 머릿속으로 만들어낸 게 아니라 병사들의 경험에서 우러나온 말이다.

그렇다면 모든 병사들이 저 문구를 지킬까?

상식적으로 생각하면 그럴 것 같지만 사실은 그렇지 않다. 곳곳이 지뢰밭인 걸 알면서 숲으로 들어가는 까닭은 인산이 망각의 동물이기 때문이기도 하고, 오랫동안 위험한 환경 속에서 지내다 보니 긴장이 느슨해지기 때문이기도 하다.

〈논어〉의 옹야편(雍也篇)에 보면 '행불유경(行不由徑)'이란 말이 나온다. 공자는 노나라 무성이라는 곳에서 벼슬을 하고 있는 제자, 자유를 찾아간다.

"일을 잘 하려면 인재가 필요한데 그래 쓸 만한 인물은 찾았느냐?"
공자의 물음에 자유는 '멸명'이라는 인물을 설명하면서 이렇게 대답
한다.
"이 사람은 참으로 훌륭한 인물로 길을 걸을 때도 큰길로만 갈 뿐, 결
코 지름길이나 골목길은 가지 않습니다."

'행불유경(行不由徑)'은 '군자대로행(君子大路行)'이란 말과 같은 뜻
이다.
뜻을 세우기 전이라면 샛길을 경험해 보는 것도 괜찮다. 그러나 일
단 뜻을 세웠다면, 그 길에서 벗어나지 않는 게 좋다. 빨리 가고 싶은
욕심에 지름길로 들어섰다가 패가망신할 수도 있고, 호기심에 이끌
려 샛길로 접어들었다가 영영 빠져 나오지 못하고 샛길만 배회하다
인생을 마감하는 수도 있기 때문이다.
세상은 유혹으로 가득 차 있다. 많은 사람들이 성공하고 싶은 욕심
에 성공의 지름길이라면 서슴없이 불법을 저지른다. 그러나 결국 명
품 시계 대신에 은팔찌를 차게 될 뿐이다. 눈앞의 작은 이익에 이끌
려 큰길에서 벗어나 골목으로 접어들어, 평생을 소시민으로 살아가
는 사람 또한 얼마나 많은가.
인간은 유혹에 약한 동물이다. '맹모삼천지교'를 굳이 들먹이지 않
더라도 주변 환경이 인간에게 미치는 영향을 무시할 수 없다. 자신의
인내심을 실험하려는 의도가 아니라면 애초부터 유혹을 차단할 필요
가 있다. 내가 가야 할 길이 아니면 가지 않겠다는 굳은 의지가 필요

하다.

꿈을 이루려면 결단력이 있어야 한다. 성난 황소처럼 목표를 향해서 우직하게 일직선으로 달려갈 필요가 있다.

한번 주변 사람들을 돌아보라. 대다수가 지름길과 골목길만 오가다가 정작 자신의 꿈을 펼쳐보지도 못한 채 무기력하게 나이를 먹어간다. 꿈을 이루려면 때로는 과감해야 한다. 우유부단해서는 절대로 꿈을 이룰 수 없다. 꿈을 위한 나의 시간, 체력, 돈을 최대한 아끼려면 언제든지 'NO!'라고 대답할 수 있는 마음의 준비가 되어 있어야 한다.

누군가 저쪽 길로 가자고 유혹해도, 내 꿈과 무관한 길이라면 즉시 거절해야 한다. 거절은 항상 처음이 어렵다. 몇 차례 하다 보면 상대방도 거절에 익숙해져서 부탁을 하면서도 크게 기대하지 않는다. 거절할 때는 말을 이리저리 돌리기보다는 솔직하게 말하는 편이 낫다. 그래야 서로의 감정이 상하지 않는다.

꿈을 이루고 싶다면 절대로 큰길에서 벗어나지 마라! 사소한 것에 사로잡히는 순간, 꿈은 손아귀를 벗어난 풍선처럼 점점 멀어진다.

진정한
동반자를 찾아라

빨리 달리는 것은 혼자가 아니다. 자전거나 오토바이는 바퀴가 둘이며, 자동차는 넷이고 기차는 무수히 많다. 비행기조차도 날개가 두 개다. 물리학적으로도 하나보다는 둘이나 그 이상이 유리하기 때문이다.

꿈을 향해 다가가는 일도 마찬가지다. 혼자보다 둘 이상이 함께 가면 훨씬 빨리 목적지에 도달할 수 있다. 포기하고 싶을 때 힘을 주고, 언덕을 오를 때 뒤에서 밀어 주고, 외로울 때 말동무가 되어 주는 그런 사람을 찾아야 한다. 친구여도 좋고, 배우자여도 좋고, 선배나 후배여도 상관없다.

인간은 어머니의 뱃속에서 나와 탯줄을 자르는 순간부터 육체적으로는 완벽하게 혼자가 된다. 그 대신에 수많은 사람들과 정신적인 유대 관계를 맺으며 살아간다. 성공한 사람들 중에는 자신의 능력이 뛰어나서라기보다는 대인관계를 잘 해서 성공한 경우도 적지 않다.

고급 건축자재를 수입하는 H는 축구선수 출신이다. 그의 꿈은 영국 프리미어 리그에서 뛰는 것이었다. 고등학교 때부터 청소년 국가 대표 선수로 활동할 정도로 유망주였으나 대학 3학년 때 무릎 부상으로 선수 생활을 접어야만 했다. 초등학교 때부터 품어온 꿈이 한순간에 물거품이 되자 그의 좌절감은 이루 말할 수 없었다.

H는 방황했다. 아니, 축구 이외에는 생각해 본 적도 없고, 할 줄 아는 것도 없었기에 뭘 하며 살아야 할지 막막했다. 그를 일으켜 세운 사람은 지금의 부인이었다. 고등학교 다닐 때부터 팬이자 친구로서 가까이서 지켜봤던 그녀는 새로운 꿈을 심어 주었다. 끝없는 용기와 격려에 힘입어 '사업가'라는 새로운 꿈을 꾸기 시작한 그는 처삼촌 밑에서 영업을 배웠다.

양복을 입고 기대에 부풀어 출근했지만 현실은 냉혹했다. 중소기업에서 만든 각종 제품 판매가 주된 일이었는데 생각처럼 팔리지 않았다. 숫기도 말주변도 없었던 H는 하루에도 수십 번씩 그만두고 싶은 충동을 느꼈다.

'도저히 안 되겠어. 이건 도무지 내 적성에 맞지 않아!'

H가 굳게 마음먹고 집에 들어가면 눈치 빠른 아내가 선수를 쳤다. 아내는 어떤 때는 술을 권하며 미소로 달랬고, 어떤 때는 집안에 돈이 떨어졌다며 이야기를 꺼내기도 전에 한숨부터 내쉬었다.

죽은 사람의 옷을 걸친 것처럼 불편하기만 했던 6개월이 지나자 비로소 영업도 해 볼 만하다는 생각이 들었다. 재미가 붙는가 싶더니 순식간에 3년이 흘러갔다. 생활도 어느 정도 안정권에 접어들었다 싶었는데 아내가 이직을 권했다. 영업을 할 거면 좀 더 덩치가 큰 물건을 팔아보라고 했다.

그 뒤로 H는 자동차, 콘도, 골프 회원권, 미분양 아파트 등을 팔았고 영업을 하다 만난 고객의 권유로 사업을 시작하게 되었다. 그는 초반에는 고전했지만 건설 경기가 서서히 살아나면서 거래처도 서서히 늘어나서, 지금은 상당한 수익을 올리고 있다고 했다.

"꿈에 다가섰다는 것은 인정하지만 아직 꿈을 이루었다고는 생각하지 않아요. 많은 분들이 오늘의 저를 만든 거지, 제가 잘나서는 결코 아니라고 봐요. 1등 공신이요? 굳이 뽑는다면 아내예요. 제가 정말 힘들 때 힘이 되어 주었거든요. 아마 저 혼자였다면 좌절감을 딛고 일어서기까지 오랜 세월이 걸렸을 거예요. 어쩌면 영영 못 일어섰을지도 몰라요."

살아가면서 가장 중요한 만남은 배우자다. 부모와의 만남은 내가 선택할 수 없지만 배우자는 나의 자유 의지로 선택할 수 있다. 배우자는 순간적인 끌림이나 충동에 의해서 선택하게 되면 후회할 가능성이 높다. 외모가 뛰어난 배우자보다는 현명한 배우자를 선택하는 게 바람직하다.

꿈을 향해 걸어가다 보면 넘어지기도 하고, 때로는 마음속에 깊은 상처를 입기도 한다. 그럴 때 손을 잡아 다독여 주고, 용기를 내라고 다독여 줄 수 있어야만 진정한 인생의 동반자라 할 수 있다.

함께 살 사람을 찾지 말고 인생의 동반자를 찾아라! 인생이란 혼자서 걸어가기에는 너무 길고도 험한 곳이다.

생각의 힘을 키워라

　세상에는 두 종류의 사람이 산다. 생각만 하다가 생각으로 끝내는 사람과 생각을 끄집어내서 현실화시키는 사람.

　'생각의 힘'이 약한 사람은 허황된 망상만 꿈꾼다. 가끔씩은 현실 가능한 생각을 하기도 하지만 결심만 할 뿐 실천에 옮기지 못한다. '생각의 힘'이 강한 사람은 원대한 꿈을 가슴에 품는다. 남들이 비웃어도 아랑곳하지 않고 꿈을 향해서 매일 한 발씩 내딛는다.

　일상생활 속에서는 큰 차이를 발견할 수 없다. 그러나 어떤 계기로 인해서 상황이 악화되면 차이가 극명해진다.

　생각의 힘이 약한 사람은 조난이나 감금과 같은 극한 상황에 처하게 되면 삶 자체를 스스로 포기해 버린다. 주어진 상황을 받아들일 용기도 없을뿐더러 어디서도 희망을 발견할 수 없기 때문이다. 생각의 힘이 강한 사람은 주어진 현실을 있는 그대로 받아들일 뿐만 아니라 그 속에서 희망을 찾아낸다. 살아날 수 있다는 한 줄기 희망의 빛을 바라보며 묵묵히 온갖 어려움을 감내해낸다.

생각의 힘은 선천적으로 타고 나기도 하지만 후천적으로 노력하면 얼마든지 키울 수 있다. 미래를 바꾸고 싶다면, 꿈을 이루고 싶다면 꾸준하게 생각의 힘을 키워나가야 한다.

그렇다면 생각의 힘을 키우려면 어떻게 해야 할까?

다음의 다섯 가지를 실천하다 보면 생각의 힘이 조금씩 키워진다.

하나, 나의 능력을 믿는다.

인간의 잠재된 능력은 무한하다. 현재 상황이 아무리 나쁘다 하더라도 마음먹기 따라서 충분히 극복해 낼 수 있다. 나의 능력을 믿어라. 마음이 불안하면 아무리 유능한 인간이라도 능력 발휘를 할 수 없다. 인간의 내면에는 거대한 에너지가 잠들어 있다. 그 에너지를 잘 활용하면 누구나 꿈을 이룰 수 있다.

둘, 나의 선택을 믿는다.

선택을 하기 전에는 신중해야 하지만 일단, 선택을 했으면 더 이상 갈등하지 말아야 한다. 일을 추진해 나가는데 있어서 최고의 협력자도 마음이지만 최대의 훼방꾼 역시 마음이다. 선택을 잘 못 했다는 생각이 들기 시작하면 일이 잘 안 풀리기 시작하고, 실패할 것 같다는 마음이 들면 실패로 끝난다. 나의 선택을 믿어야 잡생각이 안 들고, 목표에 매진할 수 있다.

셋, 긍정적으로 생각한다.

상황 자체가 좋고 나쁜 경우는 없다. 그 상황을 좋게 바라보는 인식과 나쁘게 바라보는 인식만이 있을 뿐이다.

어떤 경우라도 상황을 긍정적으로 바라보는 인식을 지닐 필요가 있다. 긍정적으로 인식하면 해결 방안이 보인다. 반면 부정적으로 바라보면 실패에 대한 두려움이 밀려오고, 결국 실패의 쓴맛을 보게 된다.

넷, 분명한 목적의식을 지닌다.

꿈은 하나의 생각에서 출발한다. 그 생각이 미래에 이루어지기 위해서는 목적의식이 분명해야 한다. 생각은 바다에 떠 있는 한 척의 배와 같다. 그 배가 험난한 파도를 헤치고 목적지에 무사히 도착하기 위해서는 정확한 나침반이 있어야 한다. 목적의식이 없는 인생은 나침반 없이 바다를 떠도는 유령선과도 같다.

다섯, 도전 정신으로 무장한다.

인간은 뇌는 현실에 안주하려는 성향이 강하다. 긴장감과 새로운 자극이 사라지게 되면 뇌는 지극히 단순해지고 무기력해진다. 뇌에 새로운 자극을 주고 적절한 긴장감을 유지해야 뇌세포도 활성화되고, 생체 에너지도 활성화된다. 도전 정신은 잠들어 있는 뇌세포를 깨워 생각의 힘을 키워 준다.

절제는 에너지다

인간은 에너지를 발산하며 살아간다. 절제는 신체와 마음에 적절한 균형을 잡아 줌으로써 에너지를 비축시켜 주는, 지극히 합리적인 행동이다.

절제는 일종의 습관이다. 현대는 모든 것이 오픈되어 있다. 선택의 폭이 넓은 만큼 유혹도 많다. 꿈을 이루기 위해서는 반드시 몸에 지녀야 할 습관 가운데 하나다.

얼마 전, 비만클리닉 앞을 지나는데 모녀가 다투고 있었다. 코끼리처럼 거대한 몸집을 지닌 딸이 울며 소리쳤다.

"내가 이렇게 된 것은 다 엄마 때문이라고! 왜 이 지경이 되도록 방치해 둔 거야?"

엄마는 딸의 반응에 기가 막히는지 말까지 더듬었다.

"너 지금…그, 그게 엄마에게 할 소리니? 엄마는 똥구멍이 찢어지게 가난한 집안에서 태어나서 배불리 먹는 게 소원이었어, 이것아!

허리띠 졸라매며 해 달라는 것 다 해 주며 키워 놨더니, 이제 와서 뭐가 어쩌고 어째?"

물질이 부족하던 시대에서 물질이 풍요로운 시대로 넘어오는 과정에 생긴 웃지 못 할 비극 중의 하나다.

고은 시인의 '아버지'라는 시는 단, 한 줄로 이루어져 있다.

아이들 입에 밥 들어가는 것 극락이구나.

음식이 부족하던 시절에는 밥 먹는 자식을 지켜보는 것이 큰 행복이었다. 그러나 먹을 것이 넘쳐 나자 사람들은 기름진 음식만 찾아먹기 시작했고, 점점 절제력을 잃어갔다. 정확히 선을 그을 수는 없겠지만 대체적으로 90년도 이후에 태어난 사람들이 그전 사람들보다 절제력이 부족하다. 대가족 시대에서 핵가족 시대로 바뀐 데다 상대적으로 물질적 풍요를 누리며 살아왔기 때문이다.

현대는 사이렌의 바다다. 수많은 유혹이 곳곳에 숨어 있다. 불과 백여 년 전만 해도 마땅한 놀이도 없는 데다 다른 사람의 시선도 있고 해서, 이삼 일 남짓 실컷 놀며 보낸다는 것은 특수한 신분이 아니면 할 수도 없는 일이었다. 그러나 이제는 누구나 마음먹으면 가능하다. 인터넷 게임을 하며 보낼 수도 있고, 여행을 하며 보낼 수도 있고, 채널이 수백 개인 텔레비전을 보며 보낼 수도 있고, 온종일 휴대폰으로 SNS를 하며 보낼 수 있고, 술집과 클럽을 전전하며 보낼 수도 있다.

한편으로 보면 살기 좋은 세상이 된 것만은 분명하다. 그러나 다른 시각에서 보면 절제의 미덕을 발휘하지 않으면 꿈을 이루기는커녕 백수건달이 되거나 폐인이 되기 십상인 세상이 도래한 셈이다.

절제는 에너지를 비축하는 합리적인 행동이다.
절제가 습관이 되면 에너지가 비축되고,
그것들은 꿈을 향해 달려가게 하는 원동력이 된다

인간은 쾌락을 추구하는 경향이 있다. 목표 의식을 지니고 있는 사람들마저도 종종 쾌락에 빠져드는데, 그 이유는 꿈은 멀고 쾌락은 가깝기 때문이다. 절제의 미덕을 발휘하지 않는다면 쾌락의 바다를 헤치고 꿈을 향해 나아갈 수가 없다.

절제, 즉 '모자라거나 지나치지 않음'을 실천하는 일은 사실 그리 어렵지 않다. 극도의 인내심을 요구하는 일이 아니기 때문이다. 나를 사랑하고, 어떤 상황 속에서도 자포자기만 하지 않는다면 충분히 나와의 약속을 지킬 수 있다.

한순간에 절제력을 잃는 까닭은 나에 대한 사랑이 부족하고, 나 자신의 신념에 대한 확신이 부족하기 때문이다.

나를 사랑하라. 이 세상에 콤플렉스가 없는 인간은 없다. 완벽해 보이는 인간도 내면을 들여다보면 콤플렉스를 극복하기 위해서 노력하거나, 아예 신경 쓰지 않으려고 노력한다. 부족한 부분이 있으면 부족한 대로, 상처를 입었으면 상처 입은 그 모습 그대로의 나를 사랑할 필요가 있다.

또한 힘들고 어려울 때일수록 신념을 확고히 해야 한다. 먼 길을 가다 보면 뜻하지 않게 폭풍우도 만나고, 가도 가도 끝이 보이지 않는 언덕을 만나기도 한다. 좌절하거나 포기해 버리면 한순간 마음은 편할지 모르지만 끝없는 후회와 자책에 시달리게 된다.

항상 긍정적인 면을 보려고 노력할 필요가 있다.

'실직했으면 어때, 더 좋은 곳에 취직하면 되지!'

'실연당했으면 어때, 더 좋은 사람 만나면 되지!'

'사업에 실패했으면 어때, 다음에 성공하면 되지!'

긍정적인 생각은 순간적으로 깨어진 균형을 잡아준다. 마음의 균형을 잃지 않아야 절제의 미덕을 발휘할 수 있다.

절제는 에너지를 비축하는 합리적인 행동이다. 절제가 습관이 되면 에너지가 비축되고, 그것들은 꿈을 향해 달려가게 하는 원동력이 된다.

더 큰 세상으로
나아가라

L은 가난한 집안의 5남매 중 둘째로 태어났다. 어렵게 대학을 졸업해서 직장에 취직했고, 그 이듬해에 결혼했다. 비로소 어려서부터 살아왔던 달동네를 벗어났지만 가난은 짐승의 꼬랑지처럼 뒤에 달라붙어 떨어질 줄 몰랐다.

신혼살림은 서울 외곽의 반 지하 단칸방에 차렸다. 그들 부부는 가난에서 벗어나기 위해서 최대한 아껴 썼지만 10년이 지나도록 별반 나아진 게 없었다. 본가는 물론이고 처가마저 가난했던 터라 이런저런 이유로 적잖은 돈을 보태야 했기 때문이었다.

그 동안 늘어난 것은 두 명의 자식과 반 지하 단칸방에서 옥탑 방으로 바뀌면서 액수가 조금 커진 전세금이 전부였다.

아무리 몸부림 쳐도 가난에서 벗어날 수 없자 L은 모든 걸 운명으로 받아들이고 체념하기 시작했다. 가끔씩 미래에 대해서 초조한 생각이 들 때면 동네 어귀의 생맥주집에 들러 술을 마시며 불안감을 달래곤 했다.

입사한 지 10주년이 되던 해, 갑작스레 뉴욕으로 출장 명령이 떨어졌다. 말이 출장이지 그 동안의 노고를 치하하는 의미에서 회사에서 특별히 보내 준 것이었다. 그는 태어나서 생전 처음으로 해외여행을 떠났다.

출장 기간은 일주일인데 공식적인 업무는 이틀 만에 끝이 났다. 지사에서는 남은 기간 동안 귀빈처럼 모시고 다니며 관광을 시켜주었다. 매일 최고급 호텔에서 잠을 자고, 고급 식당에서 식사를 하고, 고급 승용차를 타고 휘황찬란한 불빛이 번쩍이는 화려한 거리를 정신 없이 돌아다녔다.

무사히 출장을 마치고 귀국한 그는 공항버스를 타고, 다시 마을버스로 갈아타고 동네 어귀에 내렸다. 건물과 입간판들은 눈에 익었지만 어딘지 모르게 낯설었다. 불과 일주일 사이에 커다란 변화가 생긴 것이었다. 버스에서 내리기 전까지만 해도 멀쩡했던 몸마저 이상했다. 집을 향해서 다가가면 다가갈수록 체한 것처럼 가슴이 답답했다. L은 옥탑방으로 길게 이어진 철제계단을 오르다가 털썩 주저앉아 울음을 터뜨렸다.

단, 한 번의 해외여행을 통해서 그 동안 보지 못했던 자신의 실체를 정확히 볼 수 있었다. 버러지처럼 목숨만을 가까스로 연명해 가고 있는 가족들의 모습과 무능하기 짝이 없는 가장의 모습을…. L은 철제 난간을 붙잡고 오열하며 맹세했다. 더 이상 이런 식으로 삶을 연명해 가지는 않겠노라고.

그 뒤로 이 년 동안 독립할 준비를 했고, 어느 정도 여건이 갖춰지자 L은 회사를 그만두고 무역 중개업을 시작했다. 처음에는 혼자서 시작했다. 거래처에서 언제 팩스나 전화가 걸려올지 몰라서 회사에서 꼬박 밤을 새기 일쑤였다. 그러나 세월이 흐르면서 회사는 묘목처럼 조금씩 성장했고, 현재는 이십여 명의 직원을 두고 있다.

삼십오 년이 넘도록 변함이 없었던 그의 인생을 송두리째 바꾼 것은 우연히 찾아온 해외여행이었다. 그가 직접 본 세상은 이미 텔레비전에 보았고 그곳에서 살다온 사람이 들려 준 이야기와 똑같았지만, 한편으로는 하늘과 땅만큼 차이가 있었다. 그에게 뉴욕이라는 도시는 낯선 세상이라기보다는 커다란 하나의 거울이었다. 자신의 현재 모습과 사회적 위치, 생각, 꿈, 미래의 모습까지 낱낱이 비춰 주는.

인간은 보고 듣는 대로 생각하고 느낀다. 큰 사람이 되고 싶다면 더 큰 세상으로 나가라. 말이 통하지 않는다고 걱정하지 마라. 무슨 일을 당할까 두려워하지 마라. 그곳도 나와 유전인자가 99.9%가 일치하는 사람이 사는 세상이다.

여행은 인간에게 영감을 준다. L도 짧은 여행을 통해서 영감을 얻었다. 꿈을 향해서 열심히 달려가고 있는데 제자리걸음이라는 생각이 든다면 여행을 떠나라. 여행은 시들해진 마음에 의욕과 활기, 그리고 열정을 불어넣어 준다. 또한, 내가 반드시 꿈을 이루어야만 하는 그 이유를 생생한 목소리로 들려준다.

CHAPTER 3

즐거운 삶으로 바꾸기 프로젝트

누군가와 서로 공감할 때,
사람과 사람과의 관계는 보다 깊어져 갈 수 있다.

_오쇼 라즈니쉬

혼자 힘으로 백만장자가 된 사람은 없다.
주위의 재원, 인맥을 끌어들이지 않으면 안 되는 것이다.
_스티븐 스코트

인맥 관리가 중요한
5가지 이유

힐러리 로댐 클린턴의 자서전인 〈살아 있는 역사〉는 그녀의 어린 시절부터 빌 클린턴과의 사랑 이야기, 퍼스트 레이드로서의 삶, 세계인이 주목하는 정치인으로 성장하기까지의 과정이 담겨 있다. 그녀는 인맥 관리의 중요성에 대해서 이렇게 회고한다.

"퍼스트레이디 시절에 내가 배운 가장 중요한 교훈 가운데 하나는 세계무대에서의 외교 정책이 리더들끼리의 개인적 관계에 의해서 좌지우지된다는 것이었다."

세계인의 삶을 바꿔 놓을 수도 있는 중요한 정책이 친분 관계에 의해서 결정된다니 놀라운 일이 아닐 수 없다. 한편으로는 충격적인 일이지만 다른 한편에서 생각해 보면 지극히 당연하다. 세상의 모든 일은 인간의 마음을 거친 뒤에 최종적으로 결정된다.

단순한 사람들은 내게 주어진 일만 잘하면 된다고 생각한다. 물론 주어진 일에 최선을 다하는 자세는 중요하다. 그러나 세상 모든 만물은 유기적으로 연결되어 있다. 일 또한 따로 분리되어 있는 것이 아니라 날줄과 씨줄처럼 촘촘하게 연결되어 있다.

일에는 '보이지 않는 이름표'가 달려 있다. 때로는 그것이 개인의 이름일 수도 있고, 회사명일 수도 있고, 비영리 단체의 이름일 수도 있고, 나라의 이름일 수도 있다. 일을 공정하게 처리하려면 일 자체만을 바라보아야 한다. 하지만 인간이 일을 벌이고 인간이 최종적으로 승인하는 한 공명정대한 일처리는 기대하기 힘들다.

인간은 감정을 지닌 동물이다. 그러다 보니 '보이지 않는 이름표'에 따라서 승인 방식이 달라진다. 똑같은 결재서류를 올려도 누구는 통과하고, 누구는 되돌아오는 까닭도 그 때문이다.

독불장군은 결코 성공할 수 없다. 고독한 시간과의 싸움을 인내해야 하는 예술가라 할지라도 성공하기 위해서는 음으로 양으로 도와주는 사람이 있어야 한다. 수많은 사람들의 손을 거쳐서 일을 성사시켜야 하는 사업가라면 두말할 나위 없다.

살다 보면 한두 번은 중대한 고비가 온다. 대개 고비는 대인관계에서 비롯된다. 결정권을 쥐고 있는 사람이 번번이 좋은 기회를 무산시키기도 하고, 그와는 반대로 우연찮게 도와 줘서 기사회생하기도 한다.

인맥관리의 중요성은 다섯 가지로 요약할 수 있다.

첫째, 정보의 습득

초창기에는 모든 게 무료였던 인터넷에서조차도 유료 정보가 날이 갈수록 늘어가고 있다. 정보가 곧 돈인 세상이다. 대인 관계를 통해서 중요한 정보를 선점하거나 취합하면 돈을 벌기가 수월하다.

둘째, 원만한 직장 생활을 위해서

대인관계를 잘하면 직장 생활이 즐겁다. 승진도 순조롭고 거래처와의 관계도 원만해서 서로가 얼굴 붉힐 일이 없다. 그러나 대인 관계를 잘 못하면 심각한 스트레스를 받는다. 직장인이 이직하고 싶어하는 가장 큰 이유도 잘못된 대인 관계 때문이다.

셋째, 미래에 대한 투자

인간사 새옹지마라고 살다보면 부침이 있게 마련이다. 어려울 때는 고민하지 말고 도움을 청하고, 곤경에 처한 친구가 도움의 손을 내밀면 일종의 보험이라고 생각하고 도와 줘라. 세상이란 상생하는 곳이다.

넷째, 현실적인 이득을 위해서

영업할 때는 물론이고 취업이나 이직, 사업을 할 때 대인관계는 영향력을 발휘한다. 직장에서 성공하고 싶거나 사업으로 성공하고 싶다면 대인관계에 각별히 신경 쓸 필요가 있다. 팔은 안으로 굽게 마련이다.

다섯째, 행복한 삶을 위해서

친구가 많은 사람은 그렇지 않은 사람보다 삶에 대한 만족도가 높다. 현직에 있을 때는 물론이고, 퇴직 이후의 삶도 친구가 많은 사람이 그렇지 않은 사람보다 고독감을 덜 느끼고 안정된 삶을 살아간다.

이미지 메이킹에
신경 써라

세상을 살다 보면 자연발생적으로 이런저런 사람을 만나게 된다. 동네 친구, 동창생, 직장 동료, 선후배, 거래처 관계자, 각종 온라인 오 프라인 동호회 등등…. 대인 관계를 잘하는 사람은 그들과 좋은 관계 를 유지한다.

좋은 관계를 유지하는 것과 인맥 관리를 하는 것은 같아 보이지만 사실 많은 차이가 있다. 좋은 관계란 호감만 갖고 있을 뿐, 연결되지 못한 진주와 같다. 그 자체로 나쁘지는 않지만 값어치를 지니려면 하 나씩 꿰어서 목걸이를 만들어야 한다.

인맥 관리를 하는 목적은 꿈을 이루기 위해서다. 인간을 하나의 점 이라고 하면, 그 점을 제대로 연결하면 내 꿈을 이룰 수 있다. 내가 원 하는 그림을 그릴 수 있도록 힘을 발휘하는 게 바로 인맥이다.

자연발생적으로 알고 있는 사람만으로는 내가 원하는 그림을 그릴 수 없다. 꿈을 이루기 위해서는 인맥을 활용해서 필요한 사람과 관계를 맺을 수 있어야 한다. 미국의 심리학자 스탠리 밀 그램의 '6단계 (six degrees of separation)'에 의하면 6사람만 거치면 세상 모든 사람과 닿게 되어 있다. 인맥을 잘만 활용하면 내가 꼭 필요한 사람을 찾아낼 수 있음을 의미한다.

그러나 2촌지간인 형제끼리도 어려운 부탁을 할 때는 선뜻 말이 떨어지지 않는다. 6단계를 거치게 되면 사돈의 팔촌이 부탁하는 꼴이다. 내가 필요로 하는 사람과 교류하고 있으면 좋고, 그렇지 않다면 지인이 소개해 준 사람이어야 한다. 그렇게 되면 내가 부탁을 해도 소개해 준 사람과의 관계 때문에 쉽게 거절하지 못한다.

인맥 관리를 할 때 각별히 신경 써야 할 부분은 바로 이미지 메이킹이다. 많은 사람을 아는 것도 중요하지만 그보다 더 중요한 것은 상대방에게 비춰지는 나의 이미지다. 마냥 좋기만 한 사람보다는 똑똑하고 유능한 사람으로 비춰질 수 있도록 노력해야 한다.

인맥 관리의 기본은 '윈 - 윈'이다. 내가 도움을 요청했을 때 상대방은 본능적으로 '도움을 줬을 때 내가 얻을 수 있는 게 뭐지?'를 먼저 생각한다. 내가 지인에게 누군가를 소개시켜 달라고 부탁하면 본능적으로 '소개시켜 줘도 중간에서 욕을 먹지 않을까?'를 먼저 걱정한다.

세상에는 수많은 학자가 있고, 수많은 전문가가 있다. 모든 이들 앞에서 똑똑하고 유능한 사람으로 보인다는 건 불가능하다. 또한 굳이 그럴 필요도 없다. 내가 꿈을 이루고 싶은 분야에서만 이미지 메이킹을 잘하면 된다.

'저 친구 정도라면 함께 일하는 것도 괜찮지.'

'소개시켜 줘도 잘할 거야.'

'나로서도 나쁠 게 없는 조건이군.'

이미지 메이킹을 성공적으로 해 놓으면 상대방이 먼저 손을 내밀기도 하고, 지인에게 자발적으로 소개시켜 주기도 하고, 무슨 부탁을 하든 흔쾌히 들어준다. 서로가 '윈 – 윈'할 수 있는 기본 조건이 충족되어 있기 때문이다.

인맥 관리의 초보자일수록 인맥만 잘 쌓으면 내가 원하는 그림을 그릴 수 있다고 착각하기 쉽다. 그러나 그것은 일방적인 구애이다. 인맥이 점이고, 내가 그 점들을 모두 알고 있다고 해도 이미지 메이킹에 실패한다면 선이 되지 않고 점으로 남게 된다.

이미지 메이킹에 각별히 신경 써라. 세상에는 많은 돈과 시간을 들여서 인맥만 쌓아놓고 활용하지 못하는 사람도 부지기수다. 이미지 메이킹이 제대로 이루어져야만 내가 원하는 그림을 그릴 수 있고, 꿈을 이룰 수 있다.

나에게 필요한
인맥을 찾아라

2012년 온라인 취업포털에서 직장인 2,328명을 대상으로 '성공을 위한 인맥의 필요성'에 대해서 조사한 결과, 무려 98.4%가 필요성을 느낀다고 답했다.

그 중 54.3%는 현재 관리 중이라 답했는데 자신에게 도움이 되는 필수 인맥으로는 평균 25명을 보유하고 있는 것으로 집계됐다. 인맥 관리 하는데 드는 소요 시간과 비용은 월 평균 12시간과 17만 원 남짓이었다. 인맥 관리를 하는 이유에 대해서는 '인적 자산의 중요성을 실감해서', '업무적으로 도움을 받을 수 있어서', '사람 만나는 것을 좋아해서'라고 대답했다. 인맥관리의 필요성을 느끼지만 현재 실천하지 못하고 있는 44.1%는 그 이유에 대해 '적극적이지 못한 성격'과 '인맥관리의 방법을 모르기 때문'이라고 대답했다.

인맥 관리는 대인 관계가 잦을 수밖에 없는 직장이라면 누구나 필요성을 체감할 수밖에 없다. 그러나 꾸준히 관리하기도 어려울 뿐더러 막상 실천하기도 쉽지 않다. 번거롭기도 하지만 적지 않은 정성을 요하는 일이기 때문이다.

그렇다면 인맥 관리를 어떻게 해야 잘 할 수 있을까?

인맥관리의 기본은 있어도 반드시 이렇게 해야 한다는 규칙은 없다. 각자 꿈이 다르고, 활용도 또한 다르기 때문이다. 인맥관리를 하기 전에 스스로에게 '나에게 인맥은 왜 필요한가?'하고 자문해 보라. 예술가와 사업가의 인맥관리는 달라야 하고, 자영업자와 직장인의 인맥관리는 달라야 한다. 기준 없이 무작정 인맥관리에 뛰어들면 돈과 시간만 낭비하기 십상이다.

2017년 4월 성인남녀 2,526명을 대상으로 조사한 결과를 보면 1146명(46%)이 인맥을 정리하는 이른바 '인맥 다이어트'를 한 적이 있다'고 대답했다. 인맥 다이어트의 이유로는 '타인에게 프로필을 공개하고 싶지 않아서'가 31%로 가장 높았고 '진짜 친구를 찾기 위해서'라는 답변이 29%로 그 뒤를 이었다.

뚜렷한 목표나 계획 없이 인맥 관리를 하게 되면 반드시 후회하게 되어 있다. SNS를 통한 '껍데기 인맥'은 시간만 잡아먹을 뿐 실질적으로 별다른 도움이 되지 않는다.

인맥관리는 시간, 돈, 정성을 쏟아야 하므로 효율성에 대해서 생각해야 한다. 지나치게 인맥관리에 치우치다 보면 정작 자신의 일을 등한시하게 된다. 내가 실력이 부족하다면 아무리 좋은 인맥을 갖고 있어도 쓸모가 없다. 그럴 바에는 차라리 인맥 쌓기보다는 실력 쌓기에 치중하는 게 낫다.

무작정 학연이나 지연 위주로 인맥관리를 하기보다는 '꿈을 이루기 위해서 필요한 사람' 위주로 인맥관리를 하는 것이 현명하다. 물론

학연이나 지연을 활용해서 꿈에 다가설 수 있는 기회를 잡는다면 더 없이 훌륭한 활용법이다.

현재 나에게 필요한 인맥을 잘 모르겠다면 커다란 도화지에 인맥 지도를 만들어 볼 필요가 있다.

- 하나, 종이 한 가운데 두 개의 원을 나란히 그려라.
- 둘, 각 원의 정중앙에 하나씩 점을 찍어라.
- 셋, 왼편 원 중앙에 찍힌 점은 '현재의 나'이다. 그 주변에다 꿈을 이루기 위해서 가까이 해야 할 사람들의 이름을 적어라.
- 넷, 오른편 원 중앙에 찍힌 점은 '꿈을 이룬 미래의 나'이다. 현재는 물론이고 미래에도 가깝게 지낼 것 같은 사람의 이름을 적어라. 또한 사귀고 싶은 사람의 이름도 미리 적어두어라.
- 다섯, 왼편 원에서 오른편 원까지 화살표를 그려라. 화살표 위에다는 꿈을 이루기 위해서 사귀어야 할 사람의 이름을 적어라.
- 여섯, 두 개의 원을 감싸는 커다란 타원형을 그려라. 타원형 안에는 꿈을 이루는 일과는 무관하지만 세상을 함께 살아가고 싶은 사람의 이름을 적어라. 타원형 밖에는 만나면 시간과 돈만 소모되는 가급적 멀리하고 싶은 사람의 이름을 적어라.

인맥 지도는 최소 육 개월에 한 번씩은 새로 그리는 게 좋다. 그 동안 사귄 사람이 있으면 인맥 지도에 이름을 써넣어라.

자, 지도를 모두 그렸으면 지금 나에게 필요한 사람이 누구인지 눈으로 확인하라. 이제 그들에게 전화, 문자, 이메일, 엽서 등을 이용해서 연락을 취하라. 한동안 연락이 없다가 무슨 일이 생긴 뒤에 연락하면 서로가 어색하므로 일정한 기준을 정해 놓고 주기적으로 연락을 취하는 게 좋다.

진심으로 대하라

대인관계의 기본은 신용이다. 공자는 '신용을 잃으면 설 땅을 잃게 된다.'고 했다. 신용은 그 밑바탕에 진심을 깔고 있다.

인맥관리를 하려는 사람들은 나름대로 목적을 갖고 있다. 앞에서 언급한 대로 '정보의 습득', '원만한 직장생활', '미래에 대한 투자', '현실적인 이득', '행복한 삶' 등 그 이유도 다양하다. 이유야 어떻든 간에 인맥관리를 통해서 목적한 바를 이루고 싶다면 진심이 담긴 대인관계를 해야 한다.

인맥은 어느 한 사람의 필요에 의해서 형성되기보다는 서로의 필요에 의해서 형성되는 경우가 대부분이다. 물론 어느 쪽이 더 절실한가에 대한 차이는 있지만 관계만 잘 유지된다면 서로에게 나쁠 게 없다.

인간은 어머니 뱃속에서 나와 탯줄을 자르는 순간부터 홀로서기를 시작한다. 물론 다양한 관계를 맺으며 살아가지만 태생적인 외로움만은 어찌할 수 없다. 외로움을 극복함과 동시에 강해질 수 있는 가장 쉬운 방법이 대인관계를 통해서 자기편을 많이 확보하는 것이다. 따라서 누군가 접근해 오면 개인적으로 특별한 이유가 있거나 자신에게 피해를 입힐 만한 사람이 아니라면 거부하지 않는다.

그러다 보니 오로지 돈이나 명예를 위한 수단으로 인맥을 넓히려는 사람들이 늘어나고 있다. 대인관계의 기본인 진심이 담겨 있지 않다면 그 관계는 오래 지속되지 못한다. 친분을 쌓으면 부수적인 이익은 따라오기 마련이다. 조급함이나 눈앞의 이익에 눈이 멀면 좋은 인맥을 놓치게 된다.

계약을 맺기 전에는 간이라도 빼줄 듯이 살랑거리던 사람이 계약이 성사되었다고 잠적해 버리면 당사자로서는 배신감을 느끼게 된다. 인간의 심리가 '잡은 고기에는 모이를 주지 않는다.'고 하더라도 당한 사람 입장에서는 기분 나쁠 수밖에 없다.

인맥관리의 달인은 잡은 고기에도 모이를 준다. 관계를 꾸준히 유지하기 위해서이기도 하고, '나를 도와 준 고마운 분'에 대한 감사의 마음을 간직하고 있기 때문이다. 그들은 그 마음이 형식적인 인사로 비쳐지지 않도록 항상 고민하고 연구한다.

진실한 관계보다 돈을 우선시하는 사람은 사회적 강자에게는 한없이 굽실거리면서 사회적 약자는 은연중에 무시하는 경향이 있다. 이런 식의 처세는 주변 사람들로 하여금 눈살을 찌푸리게 하고, 경계심을 갖게 한다. '나 또한 상황이 나빠지면 저렇게 대하겠지?'하는 마음에 관계 맺기가 꺼려진다.

같은 값이면 다홍치마라고 생판 모르는 사람보다는 조금이라도 안면이 있는 사람을 도와주고 싶은 게 인간의 심리다. 하지만 대인관계를 하다 보면 주는 거 없이 미운 사람도 생기게 마련이다. 처신이 지나치게 얕거나 천박한 경우, 돕고 싶은 마음이 싹 가신다.

진심이나 거짓은 꼭 말로 드러내야만 알아차리는 건 아니다. 평상시의 행동과 처신을 보면 어느 정도는 짐작하게 된다.

대인관계를 할 때는 항상 감사하는 마음을 지녀야 한다. 그들은 언젠가는 나의 꿈을 이루는데 도움을 줄 사람이다. 설령 나의 꿈과는 무관한 인맥이라 할지라도 행복한 인생을 함께 살아갈 동반자이므로 소중한 시간을 내어 준 데 대해서 진심으로 감사해야 한다.

'감사하는 마음'→'진심'→'신용'으로 이어지면 인맥관리는 성공했다고 볼 수 있다. 그렇게 되면 함께 일하기가 한결 수월해지고 돈과 명예는 그림자처럼 따라온다.

인간은 행복을 추구하는 동물이다. 돈이나 명예는 인생을 행복하게 살아가기 위한 하나의 수단일 뿐 최종 목적이 될 수 없다. 대인관계를 할 때는 어깨를 활짝 펴고 보다 넓은 시야를 가질 필요가 있다.

냉소적인 태도는
한시라도 빨리 뜯어고쳐라

때로는 의식보다 무의식이 더 많은 것을 본다. 아무 생각 없이 누군 가를 만나고 헤어진 뒤, 보름쯤 뒤에 그 사람을 떠올려보면 하나의 이미지가 형성되어 있다. 의식보다도 무의식이 작용했기 때문이다.

어떤 모임이든 참여자와 방관자가 있다. 특별히 의식하지 않더라 도 방관자는 말과 행동을 통해서 드러나게 마련이다. 방관자는 대체 적으로 모임에서 팔짱을 끼고 있거나, 턱을 괸 채 다른 생각을 하고 있거나, 대화에 참석하지 않고 다른 행동을 한다. 소극적인 성격 때문 에 무리 속에서 조용히 행동하는 것과는 다소 차이가 있다.

오프라인 모임은 물론이고 온라인 모임에서도 방관자는 환영하지 않는다. 모임의 결속력을 약화시키고 참석자들을 긴장시키고, 즐거 움을 감소시키기 때문이다. 거기다가 더 큰 문제는 대다수의 방관자 가 냉소적인 태도를 취한다는 점이다.

냉소적인 태도는 자존심이 지나치게 강한 사람, 현실과 동떨어진 이상주의자, 다른 사람보다 우월하다는 선민의식을 지니고 있는 사람, 지나친 열등감을 지니고 있는 사람에게서 쉽게 발견할 수 있다. 또한 친구가 없거나 하는 일마다 실패하는 사람도 자신을 방어하기 위해서 냉소적인 태도를 취하기도 한다.

이들은 대체적으로 용서의 폭이 좁다. 자신의 말과 행동에 대해서 용서의 폭이 좁은 부류가 있는가 하면, 자신에 대해서는 용서의 폭이 넓은데 타인에게만 엄격한 잣대를 들이대는 부류도 있다. 이들은 조금만 기준에 어긋나도 냉소적인 태도를 취한다. 직접적으로 비판하지는 않는다고 해도 미소나 눈빛, 몸짓 등으로 다른 사람을 은근히 기분 나쁘게 한다. 때로는 그것이 자신의 말과 행동에 대한 자책에서 비롯되는 수도 있다. 그러나 다른 사람의 입장에서 보면 기분 나쁘기는 매한가지다.

냉소주의자는 자신이 냉소주의자인지 모르는 경우도 허다하다. 사람들이 피하는 이유는 모른 채, 남들이 자신을 어려워하거나 따돌린다고 오해한다. 냉소주의자에게 섣불리 말을 붙이기 어려운 이유는 결과에 대한 두려움 때문이다. 예를 들어서 "식사 하셨습니까?"라고 말을 붙이면, "내가 밥 한 끼 못 사먹고 다닐 사람같이 보여요?"라고 까칠하게 대답할 것 같은 예감이 들기 때문이다.

만약 나는 냉소주의자가 아닌데 주변에서 오해하고 있다면 평상시의 표정과 몸짓, 말투를 돌아볼 필요가 있다. 얼굴의 좌우대칭이 심하게 어긋나거나 혹은 치아 콤플렉스로 인해서 미소를 지을 때 한쪽 입술만 올라간다면 냉소주의자로 오인 받을 수 있다. 그런 경우 미소가 자연스러워질 때까지 거울 앞에서 연습할 필요가 있다.

평상시 팔짱을 자주 끼거나 바지 주머니에 손을 넣는 버릇이 있다면 항상 손을 밖에 두는 습관을 길러라. 처음에는 손을 어디다 둬야 할지 모르겠지만 시간이 지나면 점차 자연스러워진다.

비염이나 각종 알레르기 때문에 자주 코를 킁킁거린다면 코웃음을 치는 걸로 오해받기 십상이다. 스스로 이런 사실을 염두에 두고 있어야 오해를 방지할 수 있다. 상대방의 표정이 바뀌면 재빨리 눈치를 채고 사실을 고백해야만 상황이 악화되는 것을 막을 수 있다.

눈이 나빠서 미간을 찡그린 채 사물을 보는 습관이 있다면 안경이나 렌즈를 착용해야 한다. 또한, 흘러내리는 앞 머리카락 때문에 눈을 치뜨는 습관이 있다면 헤어스타일을 바꾸는 것도 신중히 생각해 봐야 한다.

평상시 대화할 때 말꼬리를 붙잡고 늘어지는 습관이 있다면 더 늦기 전에 고치는 게 좋다. 비록 호기심 때문이라 할지라도 상대방의 입장에서 보면 약점을 캐려는 것처럼 보여서 기분 나쁠 수 있다.

혼잣말을 중얼거리는 습관이 있다면 모임에서는 각별히 조심해야 한다. 다른 사람을 몰래 비방하고 있거나 불평불만에 가득 차 있다고 오인 받을 수 있기 때문이다.

제대로 된 대인관계를 하려면 한시라도 빨리 냉소적인 태도부터 고쳐야 한다. 자의든 오해든 간에 일단 냉소적인 사람으로 낙인찍히면 마음의 문을 굳게 닫아버린다.

제대로 된 대인관계를 하려면 한시라도 빨리
냉소적인 태도부터 고쳐야 한다.
자의든 오해든 간에 일단 냉소적인 사람으로 낙인찍히면
마음의 문을 굳게 닫아버린다.

인맥관리의 시작은
관심이다

결혼한 부부들을 대상으로 누가 좋아해서 결혼했느냐고 설문조사를 해 보면 서로가 좋아해서 결혼했다고 하는 부부가 압도적으로 많다.

그러나 한국 남녀의 정서상 서로가 한눈에 반한 경우는 그리 많지 않다. 대체적으로 교제는 어느 한쪽이 일방적으로 좋아해서 시작된다. 상대방이 나에게 호감을 가지니 나 또한 그에게 호감을 갖게 되어서 만남이 시작되는 게 보통이다.

사람은 내가 좋아하는 사람을 사랑하기도 하지만, 나를 좋아해 주는 사람을 사랑하기도 한다. 일단 누군가 나를 좋아한다고 하면 그 사람에 대해서 관심을 갖게 된다. 겉으로는 아무 관심 없는 듯이 대해도 속마음은 그렇지 않다. 용기 있는 자가 미인을 얻는 까닭도 그 때문이다.

우리는 학교에서 여러 종류의 학문을 배운다. 그러나 인간의 심리나 대인관계를 어떻게 해야 하는지에 대해서는 배우는 경우는 드물다. 낯선 사람이 접근해 보면 인류가 오랜 세월 생존해 오면서 익힌 본능을 발휘해서 '위험한 사람'과 '안전한 사람'으로 분류한다. 어린 아이가 낯가림을 하는 이유도 자신의 안전을 보장할 수 없는 사람이라고 판단하기 때문이다.

어른이라고 해서 예외는 아니다. 누군가 접근해 오면 본능적으로 움츠렸다가 안전한 사람이라고 판단하면 긴장의 끈을 늦춘다. 이 사람이 이렇게 접근해 오면 어떻게 행동해야겠다는 준비가 전혀 없다 보니, 계획적으로 접근한 사람의 의도대로 움직이게 마련이다.

대인관계에 능통한 사람은 관계를 맺고 싶은 사람에게 다가가 먼저 마음의 문부터 두드린다. 가벼운 고민거리를 상담하기도 하고, 업무에 대한 조언을 구하기도 하고, 자신의 비밀이나 약점을 털어놓기도 한다.

이것은 '나는 당신을 사랑합니다.'라는 이성간의 고백과도 비슷하다. 어떤 식으로든 사랑을 고백하고 나면 얼굴을 알고 지내던 사이에서 특별한 관계로 발전하게 된다. 상대방도 나에 대해서 관심을 갖게 되고, 한 번이라도 더 생각하게 된다. 친밀감이 싹트고 나면 자연스럽게 작은 선물이라도 건넬 수 있고, 함께 식사라도 하자며 말을 건네기도 쉬워진다.

대인관계에 서툰 사람은 상대가 먼저 다가오기를 기다린다. 상대가 먼저 다가와 준다면 마음을 열 만반의 준비는 되어 있지만 아무리 기다려도 다가오지 않는다. 마치 짝사랑을 하듯이 가슴만 태우는 격이다.

어떤 이유에서든지 사귀고 싶은 사람이 있다면 먼저 관심을 갖고 다가가라. 그쪽에서도 다가와 주기만을 기다리고 있다. 모르는 사이라면 일단 안면을 트는 게 중요하다. 눈이 마주치면 기회를 놓치지 말고 다가가서 인사하라. 첫인사는 시각으로만 하지 말고, 청각과 촉각까지 동원해서 인사를 하는 게 기억에 오래 남는다.

인사하는 순서는 이렇다.

하나, 서로 눈이 마주치면 얼굴에 미소를 지어라. 상대방에게 호감을 갖고 있음을 알리는 신호다.

둘, 눈길을 거두기 전에 일직선으로 다가가서 정중하면서도 싹싹하게 인사를 하라. 밝은 소리로 자신을 소개하면서 허리를 숙인다.

"인사과의 ○○○ 대리입니다. 꼭 한번 뵙고 싶었는데, 이렇게 만나 뵙게 되어서 반갑습니다."

'꼭 한 번 뵙고 싶었는데'는 상대방으로 하여금 다음 말을 이끌어내기 위한 일종의 미끼다. "아, 저를 아세요?"와 같은.

셋, 후배이거나 비슷한 연배면 인사말과 함께 악수를 건네고, 윗사람이면 그쪽에서 악수를 건네주기를 기다리며 잠시 허리를 숙이고 있어야 한다.

다른 사람이 소개해서 단 둘이 만난 자리가 아니라면 첫 만남은 명함을 주고받거나 간단한 대화 몇 마디만으로 충분하다. '괜찮은 사람 같은데'라는 느낌을 갖게 한다면 반은 성공한 셈이다.

일단 첫 인사를 나눴으면 반드시 이름과 직위, 처음 만났던 날, 그 사람의 특징 등을 메모해 두거나 외워 두어야 한다. 다음에 다시 만났을 때 이름과 직위를 불러 주면 '나를 알고 있는 사람이구나.'라는 생각과 함께 아는 체를 하게 된다. 만약 전혀 기억하지 못한다면 언제 어디서 처음 만났는지를 상기시켜 줄 필요가 있다. 그럼 뒤늦게 기억을 떠올리며 미안한 마음을 갖게 되고, 다시는 같은 실수를 반복하지 않기 위해서 나를 기억하게 된다.

감정표현은
솔직하게 하라

한국인들은 대체적으로 감정 표현에 서툴다. 한국 사회를 은연중에 지배하고 있는 유교 사상 때문이다. 나라에 충성해야 하고, 어른들의 말씀에는 무조건 복종해야 하고, 겸손을 미덕으로 알아야 하고, 어지간한 개인적인 아픔이나 고통쯤은 내색하지 않아야 성숙한 인간이라고 교육받아 온 때문이다.

그래서인지 포커페이스가 많다. 어지간한 일로는 표정의 변화가 없으니 그 사람의 진심을 알 수가 없다.

회식이 끝나고 "제가 댁까지 태워다 드릴까요?"하고 의향을 물으면 "괜찮습니다, 지하철 타고 가겠습니다."라고 말해 놓고는, 돌아서서는 사람이 잔정머리가 없다고 뒷말을 한다.

진심을 파악할 수 없으니 차로 태워다 주겠다는 권유도 몇 번쯤은 해야 하고, 음식을 권할 때도 몇 번은 거듭 권하게 된다. 잘 아는 사람이라면 그런가 보다 할 텐데, 낯선 사람의 경우는 여전히 불안하다.

'화난 건가? 내가 회식자리에서 실수를 했나?'

이쯤 되면 낯선 사람을 만나는 게 즐거움이 아니라 고역이다.

대인관계에서 솔직한 감정 표현은 상대에 대한 배려다. 감정이나 취향 등은 일종에 '나에 관한 정보'이다. 정확한 정보를 제공해 줘야만 상대방이 실수에 대한 걱정 없이 편안하게 대응할 수 있다.

상대방이 식사를 사겠다면서 무슨 음식을 좋아하느냐고 물으면 "아무거나 좋습니다.", "다 잘 먹습니다.", "드시고 싶은 걸 드세요."라는 식으로 대답하지 마라. 그것은 상대방의 성의를 무시하는 것이다. 그 사람인들 왜 좋아하는 음식이 없겠는가. 자신의 선택을 포기하고 배려해 주면 상대방의 마음을 감사히 받아들일 필요가 있다. 그래야 사랑을 베푸는 사람도 기쁨을 느낀다.

만약 내가 좋아하는 음식을 상대방이 싫어할까봐 걱정된다면 "오늘은 설렁탕이나 해물 칼국수가 당기네요."라는 식으로 대답하면 된다. 그럼 상대방이 기분 좋게 결정을 내릴 수 있다.

인간은 저마다 자신의 꿈을 향해서 달려간다. 꿈을 이루는 것도 중요하지만 과정도 그에 못지않게 중요하다. 단, 한 번뿐인 자신의 소중한 시간을 사용하기 때문이다.

대인관계는 행복해야 한다. 인맥관리도 이해관계만 추구하다 보면 자신의 감정을 점점 숨기게 되고, 행복은 뒷전이 될 수밖에 없다. 감정 표현을 솔직하게 하고, 대인관계 또한 당당하게 할 필요가 있다.

상대가 누구든 간에 감정을 숨기면, 진심을 알 수 없기 때문에 소모적인 심리전을 펼쳐야 한다. 몇 번은 조용히 넘어가도 내 가슴속이든 상대방의 가슴속이든 간에 불만의 응어리가 남게 된다. 응어리가 어느 한순간 폭발하게 되면, 관계에 깊은 상처를 남기게 된다.

'부부싸움은 칼로 물 베기'라고 하는 이유는 한 이불을 덮고 생활하기 때문에 서로의 감정을 훤히 들여다볼 수 있기 때문이다. 상대방이 왜 화내는지를 안다면 싸움은 이내 종식된다. 상대방의 입장에서 생각해 보고, 이해하면 되기 때문이다.

문제는 상대방이 화내는 이유를 모를 때다. 말로 표현하면 간단히 끝날 일인데 가슴속에 꽁꽁 묻어두었다가 한 번에 폭발하게 되면 관계는 한순간에 깨어질 수밖에 없다. 친한 사이일수록 감정표현을 솔직하게 해야 한다.

직장에서 '예스맨'이 인맥관리를 한답시고, 상사가 부탁해 오면 자신의 감정을 숨긴 채 모두 들어주었다가, 오히려 승진에서 누락되는 등 비참한 최후를 맞기도 한다. 배신감에 치를 떨지만 화는 스스로 자초한 것이나 다름없다.

차마 면전에다 대고 'NO'라고 못하는 성격이라면 타협의 달인이 되어야 한다.

"내일까지는 힘들 것 같고 월요일 아침까지는 해보겠습니다."

"회식은 참석합니다. 근데 어머니가 오셔서 여덟 시에는 자리에서 일어나야 합니다."

내가 거절하면 지금까지 유지해 왔던 좋은 관계에 금이 갈까 봐 두려워 마라. 자신이 스트레스를 받으면서까지 상대방을 지나치게 배려해 주는 것은 배려가 아니다. 솔직한 감정 표현은 오히려 나를 돋보이게 한다.

감정 표현이 서툴면 가까운 사람에게 먼저 솔직하게 표현하는 습관을 길러라. 점차 영역을 넓혀 나가다 보면 머잖아 감정에 충실한 사람이 된다.

호감을 얻는
대화법

　사람을 처음 보았을 때 느끼는 호감도에 대한 조사 결과에 의하면 목소리가 38%, 표정 35%, 태도 20% 등으로 나타난다.

　사람의 목소리는 다양하다. 지금의 목소리가 마음에 들지 않는다면 발성 연습을 통해서 가장 온화한 목소리를 찾아낼 필요가 있다. 말을 더듬거나 발음이 부정확한 사람은 소리 내서 책읽기 등을 꾸준히 연습하면 고칠 수 있다. 친절한 사람이라는 인상을 심어 주려면 온화한 목소리와 정확한 발음, 상대를 배려하는 부드러운 말투를 지녀야 한다.

　대화할 때 말하는 속도는 존칭어를 정확히 사용할 수 있을 정도면 적당하다. 말이 빠르면 머리 회전은 신속하나 경솔하고 생각이 깊지 못하다는 인상을 준다. 말이 느리면 신중한 반면 행동이 굼뜨다는 인상을 주게 된다.

　목소리의 톤은 다소 높은 편이 낫다. 상대방이 주변을 의식할 정도로 지나치게 큰 목소리는 불안감을 주지만 어느 정도 큰 목소리는 자신감이 있어 보이고, 말하는 내용에 신뢰도를 높여 준다. 목소리가 작으면 소심한 데다 자신감이 부족해 보인다.

상대에게 호감을 주는 대화를 나누고 싶다면 컨디션 조절은 필수다. 심리적으로 안정된 상태에서 대화를 해야 즐겁게 진행할 수 있다. 또한, 상대방의 미세한 움직임까지 포착할 수 있어서, 상대방이 불편해하거나 갈등의 소지가 있는 화제를 피할 수 있고, 따뜻한 감정 표현을 할 수 있다.

발음은 정확해야 하며, 알아듣기 힘든 심한 사투리나 비속어는 가급적 피해야 한다. 억양은 너무 튀거나 가라앉지 않도록 유의한다. 적절한 표정과 몸짓은 의사전달을 확실하게 하는데 도움이 될 뿐더러 활력이 넘치는 사람이라는 인상을 준다.

반대 의견은 솔직하게 표현하라. 단, 상대방에 대한 비난이나, 반대를 위한 반대는 하지 마라. 또한 나의 생각이 옳다는 식의 주장도 해서는 안 된다. 상대방의 의견에 대한 나의 생각을 표현하는 것으로 충분하다.

인맥 관리를 한답시고 입에 발린 말이나 아첨을 떨며 상대방의 비위만 맞추다 보면 아부 잘하는 사람이라는 인상을 주게 된다. 반대 의견이 있으면 왜 반대하는지를 솔직하게 말해 주는 게 상대방에게 도움이 된다. 솔직하게 행동하면 오히려 정직하고 따뜻한 사람이라는 인상을 심어 준다.

대화 도중에 칭찬할 일이 있으면 아낌없이 하라. 그러나 지나친 칭찬은 자제해야 한다. 칭찬 일변도인 사람은 다른 목적이 있어서 접근한 것은 아닐까, 싶어서 경계하게 된다. 만약 상대의 관심을 끌고 싶다면 먼저 비판하고 나서 칭찬하는 게 좋다. 듣는 사람의 입장에서는 단순한 칭찬보다는 비판이 있는 칭찬이 훨씬 기분 좋게 들린다.

말을 잘 하기보다 더 중요한 건 경청이다. 상대방의 이야기는 경청하지 않고 혼자만 떠드는 사람은 말 많고 잘난 체하는 사람이라는 인상을 준다.

대화의 달인들은 상대방으로 하여금 더 많은 말을 하게 한다. 듣고 있는 쪽보다 말을 많이 하는 쪽이 주도권을 쥐고 있다는 생각이 들어 더 기분이 좋기 때문이다. 그렇다고 해서 상대방이 길게 이야기했는데 너무 짧게 대답하면 곤란하다. 어느 정도 균형은 맞춰 가면서 대화를 풀어나가는 게 바람직하다.

상대방의 말수가 적어 본의 아니게 혼자만 이야기를 계속하고 있다면 적절한 질문을 던져서 대화 속으로 끌어들일 필요가 있다. 만일 상대방이 진행되고 있는 화제에 대해서 전혀 흥미를 못 느끼고 있다면 재빨리 바꿔야 한다.

경청할 때는 시선을 상대방의 얼굴에다 두고, 이야기하는 사람의 마음을 헤아려가며 경청하되, 할 말이 있더라도 중간에 자르지 말아야 한다. 상대방의 이야기에 깊이 공감할 경우에는 가슴에 품고 있지만 말고 상대방의 이야기가 끝나기를 기다렸다가 발언하는 게 바람직하다.

단, 둘이 만나는 자리라면 대화가 끊길 경우를 대비해서, 화제에 올릴 만한 가벼운 내용을 미리 몇 개쯤 준비해 가는 게 좋다. 너무 길지 않고 부담 없는 간단한 유머를 준비하고 있다가 들려주는 것도 호감을 얻는 방법 중 하나다.

사적인 만남,
반드시 성공하는 법

    가장 많은 사람들이 사적인 만남의 자리로 선택하는 것이 바로 술자리다. 술자리는 제대로 처신하면 친밀해질 수 있는 좋은 기회다. 하지만 첫 술자리라면 서로가 조금은 부담스럽다. 상대방의 수준과 취향을 모르기 때문에 자칫하면 본전도 못 건지게 된다. 또한 너무 비싼 술집에서 술을 접대하면 뇌물을 받는 것 같은 기분이 들고, 그렇다고 음식점에서 술을 접대하면 왠지 성의가 없어 보인다.

    요즘에는 개인적인 사생활을 중시 여겨서, 향락적인 소비문화 자체를 싫어하는 부류도 늘어나는 추세다. 인맥을 맺기 위해서 술자리를 하고 싶다면 상대방의 취향을 먼저 파악해야 한다. 술을 좋아해서 마시는지 분위기 때문에 마지못해 마시는지, 어떤 종류의 안주와 술을 선호하는지, 어떤 분위기의 술집을 가고 싶어 하는지, 주량은 어느 정도인지 등등을 파악한 뒤에 술자리를 마련하는 게 좋다.

    술자리가 부담스럽다면 함께 식사하는 것도 좋은 방법이다. 간단히 식사만 하고 헤어지기 아쉽다면 가볍게 와인을 한 잔씩 하는 것도 괜찮다. 맛있는 식사는 체온을 높이고 뇌에서 도파민을 분비시켜 기분을 좋게 한다.

술을 마시며 나누는 대화와 식사할 때 나누는 대화는 따로 있다. 술을 마실 때는 서로가 기분 좋게 취하기 위해서 유머나 여행 경험담 등을 준비해 가는 게 좋고, 식사할 때는 그 시간이 의미 있는 시간이 될 수 있도록 상대방에게 필요한 정보를 준비해 가는 게 좋다.

정보라고 해서 거창하게 생각할 건 없다. 상대방의 업무와 관련된 뉴스나 상대방이 관심을 갖고 있는 분야에 대한 지식, 살아가면서 알아두면 유익한 이야기, 자신의 성공담이나 실패담 등도 좋은 정보다. 또한 최근에 읽었던 책, 감명 깊게 보았던 영화나 연극, 전람회 등도 유익한 정보다.

대화 도중에는 자주 미소 지을 필요가 있다. 웃다 보면 나 역시 기분이 좋아지고, 상대방 역시 긴장이 풀리면서 자주 웃게 된다. 웃음은 자리를 편안하게 하고, 친밀감을 높여 주고, 상대방을 매력적으로 보이게 만드는 힘을 지니고 있다.

거래처 관계자와 개인적인 친분을 쌓기 위해서 만난 자리라면 업무 이야기만 하다가 끝나지 않도록 유의해야 한다. 업무에 관한 핵심적인 내용은 근무 시간에 나눠 윤곽이 잡혀 있을 테니 술자리나 식사 중에는 업무 관련 이야기는 간단명료하게 끝내고, 사적인 이야기 위주로 나누는 게 좋다. 가족의 안부, 회사 생활, 개인적인 취미 등등을 공유하게 되면 개인적인 친분이 싹트게 된다.

만약 상대방이 특수 분야에 종사하고 있고, 그 분야에 대해서는 전혀 아는 게 없다면 인터넷으로 정보를 습득하거나 다른 전문가를 찾아가서 어느 정도 정보를 습득한 뒤에 만나는 게 바람직하다. 자칫 잘못하면 서로가 각자 다른 이야기만 하다가 헤어져, 오히려 멀어지는 수도 있다.

내 관련 분야를 이야기할 때는 상대방이 어느 정도 관심을 갖고 있는지 슬쩍 떠보아야 한다. 인간은 자신이 모르는 분야에 대해서는 두려움과 호기심을 동시에 갖는다. 그러나 이야기가 길어지면 호기심은 사라지고 두려움만 남는다. 상대방의 흥미를 유발하는 선에서 중단하고 화제를 돌리는 게 좋다.

상대방이 말수가 적은 사람이라면 최근의 관심사를 알아내는 게 중요하다. SNS를 통해서 찾아보거나 주변 사람에게 미리 물어보고 나서, 어느 정도 지식을 쌓은 뒤에 만나는 게 좋다. 만약 준비가 안 됐다면 가볍게 몇 개의 화제를 던지며 눈빛이나 표정을 잘 관찰하면, 관심 분야를 찾아낼 수 있다.

정도의 차이는 있지만 인간이라면 누구나 자신의 미래에 대해서 막연한 불안감을 갖고 있다. 식사가 끝나고 차나 과일을 먹을 때쯤에는 칭찬을 통해서 희망과 용기를 북돋워 줄 필요가 있다. 근거 없는 무조건적인 칭찬보다는 나눴던 대화를 밑바탕으로 한 칭찬이 바람직하다. 예를 들면 이런 식이다.

"업계 상황이 만만치 않지만 남다른 안목과 실력을 갖춘 ○○○과장님 같은 분이 있으니 잘 헤쳐 나가리라는 믿음이 생기네요."

칭찬을 할 때 유의할 점은 마음속 깊은 곳에서부터 우러나는 칭찬을 해야 한다는 점이다. 그러기 위해서는 유심히 관찰하고, 따뜻한 관심으로 주의 깊게 경청해야 한다.

자리에서 일어날 때는 유익한 자리였고, 다음에도 다시 함께 하고 싶다는 인사를 건네는 게 좋다. 상대방이 부담스러워하지 않는다면 다음 만남을 기약해 두는 것도 괜찮다.

헤어지고 나서는 늦어도 이틀 전에는 문자나 메일, 전화 등을 통해서 안부 인사를 해야만 그 날의 만남을 오래 기억하게 된다.

꿈을 함께 공유하라

비전을 제시하고, 꿈을 공유하는 일은 리더가 반드시 갖춰야 할 덕목이다. 인간은 현재의 가치 못지않게 미래 가치를 중시 여긴다. 주식도 현재 안정적인 가치를 지니고 있는 기업보다는 성장 가능성이 높은 미래지향적인 기업이 큰 폭으로 오르는 경향이 있다.

인맥관리 할 때, 꿈을 함께 공유하게 되면 서로가 바라보는 공통된 지향점이 생기게 된다. 나는 물론이고 상대방도 어떻게 도와줘야 할지 정확히 알게 되어 필요한 인맥을 소개시켜 주기도 한결 수월하다.

이성 교제를 할 때도 꿈을 함께 나눌 필요가 있다. 물론 현재를 열심히 살아가는 모습을 보여 주는 것도 매력적이지만 꿈을 이야기하고 함께 공유할 때, 비밀을 알게 된 것만 같아 특별한 친밀감이 생긴다.

협력업체와도 꿈을 공유하면 관계가 돈독해진다. 아무리 거래처라 하더라도 이해관계가 얽힌 의무적인 관계보다는 함께 성장해 나간다는 마인드를 갖고 협조하는 관계가 서로에게 바람직하다.

직장에서도 팀원들이 함께 꿈을 공유할 필요가 있다. 똑같은 일이라도 의욕을 갖고 매달리는 것과 마지못해서 하는 일과는 많은 차이가 있다. 아무리 유능한 직원도 일 자체를 좋아하지는 않는다. 일을 성사시켰을 때 어떤 식으로든 자신에게 돌아올 미래의 결과물을 사랑하는 것뿐이다. 현명한 상사라면 일을 맡길 때 신중할 필요가 있다.

"김 대리, 몹시 중요한 일이니까 다음 주까지 반드시 끝내야 해!"

대대수의 상사들이 일을 시킬 때 '머리(왜 중요한 일인지)'와 '꼬리(일을 잘 처리하면 어떤 이득이 있는지)'는 생략한 채 몸통만 던져 준다. 일을 맡은 직원은 위에서 시키니까 하기는 하지만 의욕이 나지 않는다. 그 일이 회사의 운명을 좌지우지하는 중대한 일이라 하더라도 당사자에게는 과다한 업무에 불과할 뿐이다.

일을 맡길 때는 머리와 꼬리까지 설명해 줄 필요가 있다. 머리와 꼬리의 크기를 정확히 알아야 그에 알맞은 몸통을 만들 수 있기 때문이다. 회사의 운명까지는 아니더라도, 승진이나 연봉에 영향을 미칠 정도의 일이라면 모든 업무는 뒤로 젖혀놓고, 그 일에만 전적으로 매달리지 않겠는가.

직장인들이 회사 업무에 짜증을 내는 이유는 일은 산더미처럼 쌓여 있는데, 대부분이 머리와 꼬리는 없고 몸통만 남아 있는 일이기 때문이다. 이런 일은 죽어라 해 봤자 윗선에서 그 공로를 가로챌 가능성이 높기 때문에 의욕이 나지 않는다.

유능한 상사가 되려면 적절한 동기 부여를 할 줄 알아야 한다. 일체감을 통해서 자신의 꿈을 나누어 주고, 일을 잘 해낼 수 있도록 영감을 주고, 기운을 북돋워 주기 위해서 노력해야 한다. 그러기 위해서는 세 가지 조건이 충족되어야 한다.

- 하나, 믿음을 심어 주어야 한다.
- 둘, 정보를 나눌 줄 알아야 한다.
- 셋, 좋은 파트너라고 믿을 수 있는 인간관계가 형성되어야 한다.

경영자나 상사는 '선배'이다. 나보다 앞서 가는 사람들이기 때문에 믿을 만한 품성을 지니고 있고, 솔선수범해서 모범을 보여 준다면 그 뒤를 따라가지 않을 도리가 없다. 그러나 '머리'와 '꼬리' 없이 '몸통'만 책상 위에다 툭 던져 놓고 간다면 그는 '선배'가 아니다. 골치 아픈 일을 끝없이 떠넘기는 관리자에 불과할 뿐이다.

최대한 효과를 내면서 최대한 빨리 일을 끝내고 싶다면 꿈을 함께 공유하라. 꿈은 훌륭한 동기 부여가 되며, 비로소 떠넘긴 일은 생명력을 얻게 된다. 일단 생명력만 갖추게 되면 일은 일사천리로 진행된다.

인기 있는 사람이 되려면
유머 감각을 길러라

어떤 모임에서든 환영받는 사람은 따뜻한 사람이다. '따뜻함' 속에는 지적 능력, 유머 감각, 온화한 미소, 친절한 성격, 부드러운 말투, 정직한 품성, 경제적 능력, 뛰어난 말솜씨, 경청하는 능력, 긍정적인 삶의 자세 등이 포함된다.

그러나 그 중 대표적인 것을 하나를 꼽는다면 유머 감각이다. 수평적인 지위를 지닌 사람들끼리 모이는 모임에서 인기를 독차지하고 있다면 그는 유머 감각이 탁월한 사람이라고 보면 열에 아홉은 정확하다. 유머는 봄볕 같다. 사람들을 옆으로 불러 모으는 힘을 갖고 있다. 텔레비전의 경우만 보더라도 그렇다. 각종 프로그램에 나오는 주요 MC 자리는 개그맨이 독차지하다시피 하고 있다. 그들의 유머 감각이 시청자들을 텔레비전 앞으로 불러 모으기 때문이다.

인맥관리를 잘 하고 싶다면 유머 감각을 키울 필요가 있다. 가장 쉽고 편리한 방법은 문화생활을 적극적으로 즐기는 것이다. 유머 감각이 없고 꽉 막힌 사람일수록 문화생활과는 거리가 멀다. 그런 사람은 생활 패턴도 비슷하다. 출근하고, 일하고, 스마트폰 만지작거리고, 텔레비전 보고, 잠자고 하는 생활을 반복한다. 뇌가 지극히 단순해지다 보니 유머 감각이 싹틀 틈이 없다.

유머 감각을 기르고 싶다면 적극적으로 문화생활을 즐길 필요가 있다. 뇌는 영감을 받아야만 상상력이 풍부해진다. 유머 감각은 풍부한 상상력의 기반 위에서 싹튼다. 독서, 영화 관람, 연극 관람, 음악 감상, 여행 등과 같은 문화생활은 간접 체험이다. 똑같은 백 년을 산다고 해도 적극적으로 문화생활을 즐기면 천 년 같은 백 년을 살 수 있다.

유머 감각은 초조해 있을 때보다 마음이 느긋할 때 십분 발휘된다. 현실과 밀착해 있으면 예절적인 생활습관이 몸에 그대로 배어 있어서 상대방의 말을 곧이곧대로 믿게 된다. 일을 마치고 부랴부랴 모임에 참석했다고 가정해 보자.

평상시 호감을 갖고 있던 분이 "콜라 마실래요, 맥주 마실래요?"라고 물어오면 그 즉시 둘 중의 하나를 선택하게 된다. 일을 일찍 끝내고 여유 있게 모임에 참석하게 되면 마음 또한 느긋해진다. 같은 물음일지라도 대답 또한 다양하게 할 수 있다.

"내가 뭘 마실 것 같아요? 한 문장으로 맞춰 보세요. 맞추면 근사한 저녁을 살게요."

유머 감각을 발휘해서 인기 있는 사람이 되고 싶다면 모임에 참석하기 전에 잠깐이라도 머리를 환기시킬 필요가 있다. 단전호흡을 해도 좋고, 느긋하게 거리를 거닐어도 좋다. 밀착되어 있던 현실에서 한 발짝 떨어지면 상황 자체를 즐기게 된다.

모임에 참석하는 사람들 중에는 간혹 인터넷에 떠도는 내용을 외워서 써먹는 사람이 있다. 그런데 웃기기는커녕 오히려 분위기만 이상하게 만드는 경우가 대부분이다. 제대로 웃기고 싶다면 리허설은 필수다. 직장 동료나 가까운 사람들 앞에서 들려주고 나서 반응을 본 뒤에 써 먹어야 효과를 볼 수 있다.

그러나 아무리 웃기는 내용이라 하더라도 남녀가 함께 하는 모임이라면 노골적인 성적 표현이 담긴 유머만큼은 피하는 게 좋다. 앞에서는 웃어 줄지 몰라도 돌아서면 고개를 절레절레 흔드는 사람이 반드시 있기 마련이다.

내 입에서 나오는 모든 말은 '나의 분신'이다. 야유회나 사내 경연대회 같은 특별한 경우가 아니라면 유머를 사용할 때도 어느 정도 품격은 유지하는 게 좋다. 코미디언은 웃음을 주는 게 본업이므로 웃음을 주기 위해서라면 철저히 망가진다. 그러나 일반인에게 있어서 유머는 대인 관계에서 호감을 사는 여러 가지 방법 가운데 하나일 뿐이다.

"우리는 행복하기 때문에 웃는 것이 아니고, 웃기 때문에 행복하다."

미국의 심리학자 겸 철학자인 윌리엄 제임스가 한 말이다. 따라서 누군가를 웃길 수만 있다면 그 사람에게 행복을 선사하는 것과도 같다.

유머로써 다른 사람에게 행복을 줄 수 있다니 이 얼마나 멋진 일인가?

유머는 봄볕 같다.
사람들을 옆으로 불러 모으는 힘을 갖고 있다.

대인 관계에서
하지 말아야 할 5가지 행동

어떤 모임에서든 환영받는 사람이 있으면 피하고 싶은 사람도 있게 마련이다. 그런데 문제는 당사자만 그 사실을 모른다는데 있다. 따돌림을 당하게 되면 참석자들의 성격 탓으로 돌리거나 재미없는 모임이라고 치부해 버리는 경향이 있는데, 나의 잘못은 아닌가 한번쯤 진지하게 고민해 볼 필요가 있다.

대인 관계에서 다섯 가지 행동만은 절대로 하지 말아야 한다.

하나, 나쁜 소문을 퍼뜨리지 마라

정보는 공유해야 하지만 근거 없이 떠도는 나쁜 소문은 설령 들었다 하더라도 내 선에서 잘라야 한다. 그런데 오히려 부풀려서 떠벌리고 다니는 사람이 있다. "이건 비밀인데, 다른 사람에게 말하면 안돼!"라고 토를 달고 이야기를 시작하는 사람은 결코 좋은 인상을 남길 수 없다.

사회는 학교와 다르다. 학교 다닐 때는 좁은 교실에서 무리지어 생활하므로 무리에 속해야만 안전하다는 심리가 작용한다. 그러다 보니 입이 가벼운 사람도 내 편으로 받아들인다. 그러나 사회는 넓고 사람은 많다. 좋은 사람도 많으므로 입이 가벼운 사람은 견제의 대상이 된다. 일단 호기심 때문에 듣기야 하겠지만 듣고 나도 기분이 개운치 않다. 한편으로는 비방당하는 사람에 대한 동정심도 들고, 또 한편으로는 비방하는 사람에 대해서 은근한 두려움을 느끼게 된다. 다음 차례가 내가 될지도 모르기 때문이다. 따라서 의식적으로 남의 험담이나 나쁜 소문을 옮기는 사람은 피하게 된다.

둘, 소모적인 논쟁에 열을 올리지 마라

논쟁을 유별나게 좋아하는 부류가 있다. 자신의 머리가 남달리 좋다고 믿거나, 자존심이 지나치게 강해서 지고는 못 사는 성격이거나, 학식이나 상식이 남들보다 월등히 뛰어나다고 착각하며 사는 부류다. 일단 논쟁이 붙으면 상대방의 말을 중간에 가차 없이 자르고, 자존심을 짓밟아가면서까지 눈에 불을 건 채 달려든다. 일단 시작한 논쟁은 어떤 식으로든지 자신의 주장을 관철시켜야만 끝이 난다.

사회는 강의실도 아니고 학습 세미나실도 아니다. 논쟁에서 이겼다고 해서 주변 사람들이 우러러보지 않는다. 대인관계에 능숙한 사람들은 소모적인 논쟁은 최대한 피한다. 상대방을 궁지에 몰아넣어봤자 얻는 것보다 잃는 게 많기 때문이다. 모임이든 개인적인 만남이든 간에 상대방의 마음을 불편하게 해서는 안 된다.

셋, 불평불만을 터뜨리지 마라

만나면 항상 투덜대는 사람이 있다. 그러나 정작 당사자는 그 사실을 모른다. 자신은 단지 사리분별이 명확해서, 'yes'와 'no'를 정확히 구분하는 사람이라고 착각한다. 이십 분을 기다리던 버스가 한 번에 두 대나 나란히 몰려왔다며 이렇게 시간 개념이 없어서 무슨 서비스업을 하느냐며 투덜거리는 것쯤은 일상이다. 노점상 단속에서부터 비행기 핑음까지 시비를 걸 수 있는 건 최대한 건다. 마치 성질 나쁜 개를 연상시킨다.

즉흥적인 반응은 주변 사람을 불안하게 만든다. 한 발짝 물러나서 생각해 보면 사실 화낼 일도 아니다. 도로가 한 곳에서 심하게 정체되었다가 풀리면 두 대의 버스가 나란히 올 수도 있다. 즐거운 모임이 되기 위해서는 참석자들의 보이지 않는 노력이 필요하다. 참석자들의 사소한 말과 행동이 하나하나 모여서, 전체 분위기를 만든다는 사실을 염두에 두어야 한다.

넷, 돈을 입에 달고 다니지 마라

무슨 이야기든 입을 열었다 하면 돈으로 시작해서 돈으로 끝나는 사람이 있다. 세상에 돈 싫어하는 사람이 어디 있겠는가. 처음에는 관심을 갖고 들어주지만 시간이 지나면 머리가 지끈거리며 아파온다.

돈 벌려고 온갖 스트레스 받으며 뛰어다니다가 모처럼 만에 모임에서 기분전환 좀 하려는데 또 돈 이야기란 말인가. 그러나 당사자는 남의 기분 따위는 아랑곳하지 않는다. 그의 머릿속은 온통 돈으로만 가득 차 있기 때문이다.

돈이란 인생을 살아가기 위한 하나의 수단일 뿐이다. 항상 돈을 생각하며 살면 작은 돈은 모을 수 있다. 그러나 '돈! 돈!'거리면서 온종일 돈의 뒤를 쫓아다녀서는 결코 큰돈을 벌 수 없다. 돈은 들어오는 속도보다 빠져나가는 속도가 훨씬 빠르다. 큰돈은 들어올 구멍을 만들어 놓고 기회를 노리고 있다가 들어올 때 낚아채야 한다. 인맥관리를 하는 이유 중의 하나도 돈이 들어올 구멍을 미리 만들어 놓기 위함이다.

다섯, 내키는 대로 행동하지 마라

종종 미꾸라지 한 마리가 시냇물 전체를 흐리는 경우가 있다. 다른 사람의 처지나 입장은 고려하지 않고 내키는 대로 말하고, 별것도 아닌 일로 성질을 부려서 좋았던 분위기에 찬물을 끼얹는다. 당사자는 자신의 개성 때문에 벌어진 일이므로, 충분히 용납될 수 있는 일이라고 합리화시킨다. 그러나 그것은 곧 '나 외에는 개성 있는 사람이 없다!'고 외치는 것과 같다. 이런 사람들이 몇 차례 휘젓고 나면 참석자들은 '이런 모임에 계속 나가야 하는 건가?'하고 모임 자체에 회의를 품게 된다.

아무리 자유분방한 모임이라 하더라도 보이지 않는 룰이 있게 마련이다. 개성이란 룰을 벗어나지 않는 선에서 발휘되어야 빛을 발한다. 자신을 스스로 통제할 힘이 없다면 모임보다는 병원이나 명상 센터를 찾아야 한다.

성공하고 싶다면
연장자를 사귀어라

코끼리는 연장자의 지혜와 경험을 중시 여긴다. 연장자 위주로 무리가 형성된다. 사자나 표범은 어미 곁에서 2년 남짓 함께 살다 독립하지만 코끼리는 50년을 함께 산다. 삶의 지혜를 터득한 어른 곁에 있는 것이 생존에 여러모로 보탬이 되기 때문이다.

동양인은 서양인에 비해서 교제의 폭이 좁다. 서양인은 나이 차이쯤은 쉽게 극복한다. 동성끼리도 그렇지만 이성도 마찬 가지다. 스무 살 차이라도 개의치 않고 사랑을 나눈다. 반면 동양인에게 나이는 일종의 벽이다. 동년배끼리는 금세 친해지지만 연장자에게는 가까이 다가가기 꺼린다. 만약 스무 살 연하와 교제중이라고 고백하면 열에 아홉은 원조교제를 떠올린다.

성공하고 싶다면 동년배보다 연장자를 사귀어야 한다. 배울 점이 연장자에게 훨씬 많다. 또한, 그들 중 다수는 이미 안정된 자리를 구축한 실세다.

예전에 모기업 비서실장과 친하게 지냈다. 그는 학벌이 좋지도 않았고, 머리가 명석하지도 않았고, 모시던 회장님과 친척이나 동향도 아니었다. 얼핏 보면 지극히 평범해 보이는 사람인데 자주 만나다 보니 한 가지 특별한 점을 발견할 수 있었다.

그의 주변 사람들 대다수가 연장자였다. 언제 어디에서든지 전화가 걸려오면 그렇게 공손하게 받을 수 없었다. 통화가 끝나면 통화한 사람이 누구든지 간에 꼭 그에 대해서 실례를 들어가며 칭찬했다. 공사가 완공되어서 그냥 눈감고 지나가도 되는데 뒤늦게 발견한 하자를 고백하고 공사를 다시 해 준 일이며, 매일 허름한 점퍼를 걸치고 다녀서 보다 못한 지인이 선물한 점퍼를 현장 시찰 나갔다가 찢어진 작업복을 입고 있는 직원에게 벗어 준 일 등등을 자연스럽게 들려주었다.

몇 차례 같은 경험을 하다 보니 그가 연장자에게 인기 있는 이유를 알 수 있었다. 그를 사귀어 두면 최소한 세 가지 면에서 유익했다.

- 첫째, 정계와 재계 인사를 많이 알고 있어서 무슨 일을 할 때 쓸모가 있다.
- 둘째, 통화를 하고 나면 다른 사람 앞에서도 나를 대놓고 칭찬할 테니 나의 이미지가 저절로 좋아진다.
- 셋째, 입이 무거운 친구이므로 아무에게도 말 못하는 고민을 털어놓아도 뒤탈이 없다.

연장자를 사귀는 것도 하나의 능력이다. 연장자를 사귀면 여러 면에서 유익하다. 이미 능력을 갖추고 있는 경우라면 두말할 나위 없고,

그렇지 않다 하더라도 능력 있는 친구를 소개시켜 줄 수 있다.

연장자를 사귀는 데도 방법이 있다. 동년배들 사귀듯이 허물없이 다가가면 반드시 실패한다. 사귀고자 하는 대상이 서양의 연장자가 아닌 한국의 연장자라는 점을 항시 염두에 둬야 한다. 단둘이 있을 때는 어려워하지 말고 '친구'가 되어 주어야 하고, 다른 사람과 함께 있을 때는 '존경하는 분'으로 깍듯이 모셔야 한다.

인맥관리를 제대로 해 보고 싶다면 대인관계의 폭을 넓힐 필요가 있다. 동년배 열 명보다 연장자 한 명이 실질적인 도움을 줄 수 있다. 또한 동성 친구 열 명보다 이성 친구 한 명이 내 꿈을 이루는데 강력한 힘이 될 수 있다.

요즘에는 오프라인 모임 못지않게 온라인 모임 또한 활성화되어 있다. 마음만 먹는다면 취미활동을 하면서 연장자를 사귈 수 있다. 연장자를 사귈 때는 항상 '역지사지(易地思之)'라는 한자성어를 기억해야 한다. 상대방의 입장에서 생각할 줄 알아야 실수하지 않고, 그 관계가 오래 지속된다.

잘 나가는 사람에게
다가가라

　어렸을 때는 모두가 허물없이 지낸다. 그러다 나이를 어느 정도 먹게 되면 끼리끼리 모이는 경향이 있다. 친구를 보면 그 사람을 짐작할 수 있는 까닭도 그 때문이다.

　사회에는 사회적 지위라는 울타리가 형성되어 있다. 의도적으로 뛰어넘으려면 얼마든지 뛰어넘을 수 있는데 대다수가 자신의 울타리 안에서 안주한다. 같은 울타리 안에 있는 사람과 어울리다 보면 수준이 비슷하기 때문에 특별히 신경 쓸 것도 없고, 마음 내키는 대로 행동할 수 있어서 편하기 때문이다.

　그러나 꿈이 있는 사람이라면 나보다 잘난 사람을 가까이 할 필요가 있다. 자극도 받고, 배울 점은 배워야 발전한다. 나보다 잘난 사람들의 모임이라면 주저하지 말고 찾아가라. 또한 개인적으로 인정하는 사람이 있다면 그를 가까이 하라.

　'설마 저런 사람이 나 같은 사람을 받아 줄까?'라는 생각이 들 수도 있겠지만 그런 생각은 우려에 불과하다. 의외로 훈남, 훈녀가 솔로가 많듯이 잘나가는 사람일수록 외로운 사람이 많다. 어느 정도 성공하게 되면 과거의 친구들과 거리감이 생기기 때문이다.

잘 나가는 사람일수록 인맥을 소중히 여긴다. 자격지심만 갖지 않는다면 함께 어울리며 많은 것을 배울 수 있다.

잘 나가는 사람들의 모임에 참석하게 되면 몇 가지 원칙을 기억할 필요가 있다.

하나, 부드러운 미소를 지어라.

가장 쉽게 친해지는 방법은 유머다. 그러나 유머 감각이 뛰어나지 않다면 부드러운 미소를 지을 필요가 있다. 꿰다 놓은 보릿자루처럼 한쪽에서 무표정한 얼굴로 앉아 있으면 나도 불편하겠지만 그들 또한 불편하다. 자주 미소를 짓고, 다른 사람들 이야기에 고개를 끄덕이며 수긍을 하면 모임에 흥미를 갖고 있는 듯 보인다.

둘, 여유로운 마음가짐을 가져라.

사회적 지위가 달라지면 시간 개념이 달라진다. 처음에는 익숙하지 않아서 자꾸 시계에 눈이 가게 된다. 그들이 지나치게 빠르게 움직이든 느리게 움직이든 개의치 말고 마음가짐을 느긋하게 가질 필요가 있다. 가난한 사람은 언제나 초조해 보이고, 부자는 언제나 느긋해 보이는 법이다.

셋, 시기심을 갖지 마라.

자극받아서 열심히 하겠다고 마음먹는 것과 시기심을 갖는 것은 다르다. 나의 눈에는 별 볼 일 없어 보일지라도 특별한 무언가가 있기 때문에 그 자리에 올랐다. 질투나 시기는 눈을 멀게 한다. 시기심을 버려야 배울 점을 찾을 수 있다.

넷, 성실하게 행동하라.

내가 그들을 눈여겨보듯, 그들 또한 나를 눈여겨본다. 사회적 지위가 떨어지는 사람이 보여 줄 수 있는 가장 아름다운 행동은 성실이다. 남들보다 열성을 갖고 모임에 참석하라. 성실한 사람이라는 인상을 심어준다면 그들도 서서히 마음의 문을 열고 친구로 받아들일 것이다.

다섯, 기쁨과 슬픔을 함께 나누어라.

한국인은 슬픔을 함께 나누는 건 잘하는데 기쁨은 제대로 나눌 줄 모른다. 다른 사람에게 좋은 일이 생기면 나 자신의 처지를 돌아보기 때문이다. 인간은 감정이 격앙되어 있을 때 그 감정을 함께 나눈 사람에게 끌린다. 타인의 기쁨마저 순수하게 자신의 기쁨처럼 받아들일 줄 알아야 인격적으로 성장한다.

물을 마시고 싶다면 물가로 가야 하듯이, 성공하고 싶다면 성공했거나 성공 가능성이 높은 사람을 가까이 해야 한다. 그들을 성공으로 이끈 것이 무엇인지 가까이서 보고 배우면 성공 가능성을 한층 높일 수 있다.

최신 효과를
최대한 살려라

대인관계를 할 때 강조하는 것 중에 하나가 첫인상이다. 첫인상을 잘 심어 놓으면 그 뒤에 하는 말과 행동까지 영향을 미치게 된다. 첫인상이 좋은 사람은 부잣집 아들일 것 같고, 교육도 제대로 받았을 것 같고, 공부도 잘 했을 것 같고, 거짓말도 안 하며 사는 성실한 사람일 것만 같다. 심리학에서는 이를 '후광효과(Halo Effect)'라고 한다.

물론 첫인상도 중요하지만 그에 못지않게 중요한 것이 마지막 만났을 때의 인상이다. 마지막 인상에 의해서 그 사람의 전체적인 모습이 결정되는데, 이를 심리학에서는 '최신효과(Recency Effect)'라 한다.

인맥관리의 달인들은 최신 효과를 최대한 살린다. 수많은 사람을 관리하다 보면 일일이 만날 수 없기 때문에 꾸준하게 선물을 보내거나, 생각날 때마다 전화를 하거나, 메일을 보내거나, SNS로 수시로 연락을 주고받는다. 자주 만나지 못해도 자주 만나고 있는 것 같은 착각에 빠지게 하는 것이다.

그렇다면 최신 효과를 최대한 살리기 위해서는 어떻게 행동해야 할까?

첫째, 마음의 빚을 지게 한다.

식사를 한 끼 대접받으면 다음번에는 내가 사야만 마음이 편안한 게 인간의 심리이다. 받아야 할 선물이라면 쉽게 잊어버리지만 뜻하지 않은 선물을 받으면 그에 걸맞은 보답을 하기 전까지는 항상 마음속에 부담으로 남는다. 상황이 종료되지 않은 일이기 때문이다. 마음의 빚을 지게 하면 그 사람을 잊지 않고 호시탐탐 마음의 빚을 갚을 때를 엿보게 된다.

둘째, 미완성으로 남겨둔다.

만났을 때 여행담이나 사회생활을 하면서 겪었던 각종 체험담 등을 전부 들려주지 말고 다음 만남을 위해서 남겨 둔다. 들어간 음식점이 '내가 서울에서 알고 있는 두 번째로 맛있는 집'이라고 소개한 뒤 다음에 만나면 '제일 맛있는 집'에 데려가겠다고 약속하는 식이다. 시리즈 영화가 재미있으면 다음 편을 기다리듯이 다음 만남을 기다리게 된다.

셋째, 헤어질 때 약속을 잡는다.

"다음 주 수요일에 점심이나 하죠. 그 동안 무엇을 먹으러 갈지 생각해 두세요. 제가 다음 주 월요일쯤에 다시 전화하겠습니다."

이렇게 약속을 잡아놓으면 헤어져 있는 동안에도 문득, 생각이 난다. 달력을 볼 때는 물론이고 식당을 지날 때 습관적으로 떠올리게 된다. 인간관계는 만날 때보다도 헤어져 있을 때 두터운 정이 붙는다.

넷째, 장점을 살려서 다시 연락한다.

헤어지고 나서 삼사일쯤 지나서 연락하면 그 공백이 이내 메워진다. 연락을 할 때는 자신의 장점을 살려서 할 필요가 있다. 목소리에 자신 있으면 전화를 하고, 글재주가 좋으면 메일이나 엽서를 보내고, 그림에 자신이 있으면 간단한 그림을 그려서 보내고, 노래에 자신 있으면 노래를 파일로 담아 보내고, 이벤트에 자신이 있으면 깜짝 선물을 보낸다. 지난번 만남에다 근사한 이미지를 덧칠할 수 있다.

다섯째, 감동적인 이야기를 들려준다.

다른 사람에게서 들은 이야기도 좋지만 살아오면서 있었던 자신에 관련된 이야기면 더욱 좋다. 가난했던 시절에 있었던 일, 가족의 사별로 인한 슬픔, 누군가에게 잊지 못한 도움을 받았던 일 등을 솔직하게 털어놓는다. 감동은 쉽게 잊히지 않는다. 혼자 있을 때는 물론이고 영화나 책에서 비슷한 상황만 펼쳐져도 다시금 떠올리게 된다.

여섯째, 일관성 있게 행동한다.

일관성 있게 행동한다는 사실을 상대방이 알아채려면 오랜 시간이 필요하다. 그만큼 인내심을 요하는 일이기는 하지만 상대방이 알아채기만 하면 그보다 좋은 홍보 효과는 없다. '일관성 있는 사람'이라는 인식을 심어 주기만 하면 다른 사람과 대화할 때는 물론이고, 무슨 일이 생기면 제일 먼저 떠오르게 된다.

눈에 들려고 하지 말고
함께 놀아라

꼭 필요한 인맥에게 다가갈 때 대다수가 그 사람 눈에 들려고 노력한다. 아무것도 하지 않는 것보다야 용기 있는 시도지만 사실 성공할 확률은 그리 높지 않다. 그런 중요한 위치에 있는 사람이라면 주변에 그런 사람이 한둘이 아니기 때문이다.

사회적으로 성공한 사람에게도 한 가지 약점이 있다. 바로 함께 놀아 줄 친구가 없다는 점이다. 열심히 일하다 보면 기존 친구들과는 점점 멀어지게 된다. 죽마고우라 해도 고작해야 일 년에 서너 번 만날 뿐이다. 그 대신 업무와 관련된 새로운 친구들이 생기지만 옛 친구와 같은 친밀감을 느낄 수는 없다. 그 이유는 '만남 자체가 일'이기 때문이다.

뒤늦게 교제의 폭을 넓혀 보지만 그마저도 쉽지 않다. 양복을 입고 만나는 자리는 업무에 대한 부담감도 있고, 서로가 시간에 쫓기기 때문에 오랫동안 교제를 해도 벽 같은 것을 느끼게 된다.

나이를 먹어 가면서 체력이 예전 같지 않음을 느끼게 되면 비로소 레저에 눈을 돌린다. 그러나 주변에 함께 할 사람이 마땅치 않다. 처음에는 옛 친구나 주변 사람을 꼬드겨서 레저 활동을 시작하지만 오래 가지는 못한다. 서로의 취향과 레벨이 다르기 때문이다.

결국 온라인 동호회나 지역 동호회에 가입해서 활동하게 된다. 처음에는 열성적으로 활동하지만 이내 그것마저도 시들해진다. 동호회라는 모임 자체가 정해진 룰에 의해서 움직이기 때문에 나의 시간을 그곳에 맞추기가 쉽지 않기 때문이다. 이럴 때 시간을 내서 파트너를 자청해 주면 반색할 수밖에 없다.

일단 상대방이 무슨 운동을 하든지 같은 모임에 가입하라. 친하게 지내는 사람들도 소개받고 함께 레저 활동을 해 나가다 보면, 어느 한순간 벽이 허물어지고 오랜 친구처럼 느껴진다. 이것이 바로 놀이가 갖고 있는 힘이다.

레저 활동을 함께 할 때는 수직적 관계가 아닌 수평적 관계가 바람직하다. 연배가 비슷하다면 사회적 지위를 떠나서 친구처럼 대할 필요가 있다. 그 분의 연배가 위나 아래라 하더라도 레저 활동을 할 때는 대등한 위치에서 대해야 서로가 마음이 편안하다. 존칭어는 평상시처럼 사용하더라도 마음가짐만큼은 친구처럼 대해 줄 필요가 있다.

만약 내가 못 하는 운동이라면 즐기려는 자세가 필요하다. 열정적으로 덤벼드는 사람은 어디에서든지 환영받기 마련이다. 마음은 전염된다. 내가 진심으로 즐기다 보면 운동이 즐거워지고, 내가 즐거움을 느끼면 상대방도 즐거워한다.

레벨이나 그룹이 서로 달라서 각자 레저를 즐겨야 하는 상황이라면 자주 찾아가서 얼굴을 볼 필요가 있다. 함께 땀을 흘린 뒤, 나무그

늘 아래 앉아서 사사로운 이야기를 나누다 보면 정이 쌓이게 된다.

이해관계로 쌓은 친분은 모래성과도 같다. 이해관계가 사라져 버리면 파도에 씻기듯 흔적도 없이 사라진다. 그러나 놀이로 쌓은 친분은 돌과 시멘트로 쌓아올린 성과 같다. 어지간한 바람에는 미동도 하지 않는다.

죽마고우가 쉽게 잊히지 않는 까닭도 놀이를 통해 함께 즐거움을 나눴기 때문이다. 쌓고 싶은 인맥이 있다면 눈에 들려고 하지 말고 함께 놀아라. 나이를 먹으면 먹을수록 생각도 행동도 아이처럼 단순해진다.

인맥의 보물 창고인
온라인을 활용하라

인맥 구축 사이트로 유명한 '트위터'가 한창 성행할 때 영국의 30대 자유기고가가 블로그를 통해 사귄 세계 각국의 네티즌의 도움으로 30일간 돈 한 푼 들이지 않고 세계 여행을 해서 화제가 됐다. 사이트에 여행 계획을 올리자 얼굴도 한 번 본 적 없는 블로거들이 서로 돕겠다고 나섰다. 그들은 아무 조건 없이 비행기표, 기차표는 물론이고 무료 숙식까지 제공했다.

그의 세계 일주 여정은 트위터에 게재되어 1만여 명의 네티즌이 지켜보았고, 3,000파운드(약 600만원)의 성금이 답지하였으며, '트위치 하이커(Teichhiker)'라는 신조어를 탄생시키기도 했다.

또 다른 인맥 사이트인 '페이스북'이나 비즈니스맨들을 위한 '링크드인'을 통한 인맥 쌓기에 세계인이 동참하고 있다. 지역과 인종을 뛰어넘어서 마음만 먹으면 지구 반대편인 아르헨티나나 우루과이 사람과도 친구가 될 수 있기 때문에 오프라인 인맥뿐만 아니라 온라인 인맥에도 관심을 가져야 할 때다.

오프라인 인맥은 접근성에 한계가 있는데 반해서 온라인은 무한정 열려 있다. 쉬운 예를 든다면, 노숙자와 대통령이 친구가 될 수 있는 공간이 바로 온라인이다.

온라인은 인맥의 보물창고라 할 수 있다. 지역을 초월하고, 나이를 초월하고, 직업을 초월해서 사귈 수 있다는 장점이 있다. 온라인 속에 '내 꿈을 이루는데 힘이 되어 줄 강력한 조력자'들이 모두 숨어 있다고 해도 과언이 아니다.

오류 없이 온라인 인맥을 만들고 싶다면 다음 세 가지를 명심하라.

하나, 나에게 적합한 클럽인지 확인하라.

온라인상에는 수많은 클럽이 존재하고 있다. 모든 일은 첫 단추를 어떻게 끼우느냐가 중요하다. 온라인 클럽은 실속 없이 겉모습만 반지르르한 경우가 많다. 네티즌에게 인정받지 못하면 오래 못 가서 폐쇄된다. 겉모습만 보고 무작정 가입해서 활동하다가는 아까운 시간만 낭비하게 된다. 다소 시간이 걸리더라도 자신에게 적합한 클럽을 찾아내는 게 급선무다.

둘, 키맨(Key man)을 찾아라.

오프라인에서도 키맨의 역할이 중요하지만 온라인은 한층 너 중요하다. 인맥을 잘못 맺으면 시간과 돈과 체력만 낭비하게 된다. 대개 키맨은 시삽이나 오랫동안 활동했던 초창기 멤버일 가능성이 높다. 그들의 인맥을 활용하거나 꼭 필요한 인맥을 소개받아서 따로 친분을 쌓아가는 게 좋다.

셋째, 오프라인에서 만나라.

온라인 인맥의 장점이자 단점은 구속력이 없다는데 있다. 이해관계에 얽혀 있지 않으니 누구라도 부담 없이 사귈 수 있는 반면 깊이 사귀는 데는 한계가 있다. 가장 좋은 방법은 오프라인에서 개최되는 각종 세미나, 토론회, 정모 등에 적극적으로 참석해서 돈독한 관계를 쌓아나가는 것이다. 비슷한 업종이나 비슷한 생각을 지닌 사람끼리 고민을 털어놓고 이야기를 나누다 보면 의외로 쉽게 친해진다.

SNS는 인맥의 보고지만 계획 없이 뛰어들었다가는 시간과 정력만 허비하게 된다. 온라인 인맥관리를 잘 하려면 나 스스로를 먼저 돌아보아야 한다. 인맥 관리를 통해서 내가 얻고자 하는 것이 무엇인지, 얼마만큼의 시간을 할애할 수 있는지를 고민해 봐야 한다. 온라인 인맥은 관리하지 않으면 타인보다도 못하다. 만남의 기회가 적은만큼 정성을 기울여야만 효과를 볼 수 있다.

온라인 인맥을 맺을 때도 무작정 '친구 신청'을 하기 보다는 이 사람이 나에게 꼭 필요한 인맥인지부터 생각해 봐야 한다. 그 사람에 대한 정보를 모두 알 수는 없지만 평소에 상대방이 올리는 글과 사진, 동영상, 음악 등을 유심히 보면 그 사람의 관심사나 취향 등은 어느 정도 파악할 수 있다.

인맥 쌓기의 기본은 'win - win'이다. 온라인으로 쌓은 인맥은 이런 성향이 훨씬 강하다. 시간과 정성을 들여서 잘만 관리한다면, 온라인 인맥일지라도 오프라인 인맥 못지않은 힘을 발휘할 수 있다.

효과를 극대화시키는
칭찬의 기술

세상에는 두 부류가 있다. 비방하는 사람과 칭찬하는 사람.

비방하는 사람이 칭찬하는 사람보다 좀 더 예리하고 두뇌가 명석할 것 같지만 사실은 그렇지 않다. 타인의 약점을 찾아 비방하는 행위는 인류가 오랜 기간 약육강식의 세계를 살아오며 익힌 일종의 생존 본능이다. 따라서 누구나 마음먹으면 상대의 약점을 찾아 비방할 수 있는 능력을 갖고 있다.

칭찬은 원활한 대인관계를 위한 고도의 기술이다. 아부와 칭찬을 혼동하는 사람이 있는데 성격이 다르다. 아부는 '힘 있는 자에게 잘 보이기 위한 입에 발린 말'로써 나의 이익을 위한 것이다. 반면 칭찬은 '원만한 대인 관계를 위해 상대방을 기분 좋게 만드는 말'로써 상대방을 위한 것이다.

무리지어 사회생활을 하는 인간은 비방 자체를 두려워한다. 자칫하면 사회에서 매장될 수도 있기 때문에 누가 공격해 오면 강력하게 대응할 수밖에 없다. 따라서 섣불리 비방하다가는 상대방과 원수가 되는 것은 물론이고, 오히려 역공을 당해 사회에서 매장될 수도 있다.

인간이 칭찬을 좋아하는 이유는 인정받고 싶은 욕구 때문이다. 그것은 곧 사회생활을 잘 해나고 있음을 의미한다.

칭찬이나 비방은 하는 사람의 마인드에서 출발한다. 세상에 완벽한 사람은 없다. 한 가지를 잘하면 한 가지를 못하는 면이 있게 마련이다. 어느 쪽을 보고 칭찬하느냐, 비방하느냐는 그 사람의 선택에 달려 있다. 물론 상황과 기분에 따라 달라지기도 하지만 대개는 긍정 마인드를 지닌 사람은 칭찬을 선택하고, 부정 마인드를 지닌 사람은 비방을 선택한다.

비방은 방어기제를 발동시켜 상대방을 긴장시킨다. 반면 칭찬은 긴장을 완화시켜 주고, 더 잘 해야겠다는 의욕을 불러일으킨다.

무심코 한 칭찬이 한 사람의 인생을 바꾸기도 한다. 당사자가 확신을 갖지 못하고 있던 부분을 칭찬해 줌으로써, 장점을 본격적으로 살리는 계기가 되고, 성공의 밑거름이 되기도 한다.

칭찬의 효과는 사람들이 밀집되어 있는 공간에서 특히 힘을 발휘한다. 교실이나 직장 같은 곳에서 칭찬은 파급 효과가 크기 때문에 전체 분위기를 바꾸기도 한다.

칭찬을 잘하고, 칭찬의 효과를 극대화시키는 데는 몇 가지 요령이 있다.

하나, 나 자신부터 칭찬한다.

칭찬도 습관이다. 나부터 칭찬해 줄 필요가 있다. 일일 목표를 달성하면 당연하게 생각하지 말고 나를 칭찬하자. 선행을 베풀었을 때도 소리 내서 나를 칭찬하자. 일이 진척되지 않아 몹시 힘들 때도 묵묵히 해내고 있는 나를 칭찬하자. 칭찬은 타인은 물론이고, 나 자신마저도 기분 좋게 만든다.

둘, 기대치를 낮춘다.

칭찬에 인색한 사람은 기대치가 높기 때문이다. '입사 3년 차라면 이 정도쯤은 당연한 거 아냐?'라거나 '열 살이나 먹었으면 그 정도는 스스로 할 줄 알아야지!'라는 식으로 생각하면 칭찬할 일이 거의 없다. 기대치를 낮추면 칭찬거리를 쉽게 찾을 수 있다.

셋, 모두가 보는 데서 한다.

가능하면 단, 둘이 있을 때보다는 많은 사람들이 있는 자리에서 칭찬해 준다. 당사자에게는 인정받고 싶어 하는 욕구를 채워 주고, 다른 사람에게는 나도 인정받고 싶다는 욕구를 불러일으켜 더욱 더 분발하게 하는 효과가 있다. 칭찬하는 나도 기분이 좋아지고 전체적인 분위기도 밝아져 일석삼조다.

넷, 구체적으로 칭찬한다.

"멋지시네요!"라는 식의 막연한 칭찬보다는 "양복하고 넥타이하고 잘 어울리시네요!"라는 식으로 칭찬하는 게 효과적이다. 막연한 칭찬은 부탁할 일이 생겼거나 잘 보이기 위한 아부성 발언일 수도 있다는 의심을 받을 수 있다. 업무 관련 칭찬도 덮어놓고 잘했다고 하기보다는 일을 처리하는 과정에서 잘한 점 등을 구체적으로 꼽아서 하는 게 효과적이다.

다섯, 의외의 칭찬을 한다.

기대하고 있던 칭찬보다는 의외의 칭찬이 훨씬 더 기분 좋게 들린다. 예쁜 여자를 만났을 때 예쁘다는 칭찬을 하면 반응은 그저 그렇다. 이미 그런 칭찬을 많이 들어서 귀에 익었기 때문이다. "와, 얼굴 예쁘신 분이 품성도 고우시네요!"라거나 "일만 잘하는 줄 알았는데 노래도 잘 하는 걸!"라는 식으로 칭찬하는 게 좋다.

여섯, 여운이 남는 칭찬을 한다.

사람들은 결과로 드러난 칭찬에는 무덤덤해한다. 반면 과정을 칭찬해 주면 기억을 회상하게 되고, 자신의 노력을 떠올리며 더욱 기뻐한다. 예를 들어, "그렇게까지 테니스를 잘 칠 줄은 몰랐어요. 대단하시네요!"라고 칭찬하는 것보다 "아니, 그렇게 테니스를 잘 쳐도 되는 겁니까? 학창시절에 공부벌레였다고 들었는데 도대체 언제 배운 겁니까?"라는 식으로 칭찬해 주면 여운이 남게 된다.

일곱, 취미 생활을 칭찬해 준다.

취미 생활은 상대방에 대한 또 다른 관심의 표현이다. 자랑하고 싶어서 입이 근질근질한 상태에서 칭찬해 주면 그 사람에게 호감을 가질 수밖에 없다. 그러나 무조건적인 칭찬은 오해의 소지가 있으므로, 취미 생활의 핵심쯤은 파악하고 난 뒤에 칭찬해야 한다.

"배드민턴 대회에서 입상하셨다면서요? 보기는 단순해도 보통 힘든 운동이 아니던데…. 순발력에다 남다른 심폐 능력이 있어야 하고, 다양한 기술과 고도의 숙련을 거쳐야만 일정한 경지에 이른다고 들었는데, 정말 대단하십니다!"

여덟, 말뿐만 아니라 표정과 몸짓을 동원해서 칭찬한다.

말로만 하는 칭찬보다는 표정과 몸짓을 동원하면 칭찬이 훨씬 더 생동감 있게 느껴진다. 칭찬을 할 때는 평상시보다 목소리의 톤을 높이는 게 좋다. '우와!' 하고 감탄사를 지를 때의 톤으로 말하고, 몰랐던 사실을 처음 알았다는 듯이 눈을 크게 뜨고 눈부신 듯이 바라보거나, 의외라는 표정과 몸짓을 지어 주면 상대방이 한층 행복해한다.

반드시 기억해야 할
꾸중의 기술

대인관계를 하다 보면 누군가를 꾸짖어야 할 때도 있다. 비방이 '남을 헐뜯거나 비웃는 말'이라면 꾸중은 '아랫사람의 잘못을 꾸짖는 말'이다. 비방의 목적이 깎아내림이라면 꾸중은 잘못된 것을 바로잡기 위함에 있다.

그러나 아무리 좋은 목적이라 하더라도 꾸중을 듣게 되면 자신에 대해서 실망하게 되고, 위축되어 의욕을 상실하기도 하고, 심한 경우 우울증에 빠질 수도 있다. 칭찬은 주변 분위기를 밝게 하니 자주 할수록 좋지만 꾸중은 분위기를 무겁게 하니 가끔 해야 한다.

꾸중할 때도 몇 가지 지켜야 할 원칙이 있다.

하나, 나 자신을 용서하자.

자신에 대한 잣대가 지나치게 엄격한 사람이 있다. 사소한 실수도 스스로 용납하지 않고, 어떤 일을 목표로 삼으면 반드시 해내야만 직성이 풀린다. 이런 부류의 사람은 자신의 잣대로 남을 측정하기 때문에 자주 꾸짖을 수밖에 없다. 나의 잘못을 용서 못하니 타인의 잘못 또한 용납하지 못한다. 먼저 나를 용서하고 이해하는 습관을 길러야한다. 그래야만 타인의 잘못을 눈감아 줄 수 있고, 꾸중의 원래 목적에 맞게끔 효과적으로 꾸짖을 수 있다.

둘, 다른 사람이 없는 곳에서 꾸짖는다.

꾸중은 아무도 없는 곳에서 해야만 그 목적과 의미가 제대로 전달된다. 군대에서는 본보기로 한 사람을 지목해 꾸짖기도 하지만 사회에서는 그런 식으로 꾸짖어서는 안 된다. 군대라는 곳은 긴장감을 항상 유지해야 하는 특수한 상황이지만 사회는 긴장감을 완화해야 제능력을 발휘할 수 있다. 조직원들이 지켜보고 있는 곳에서 꾸짖게 되면 자신의 잘못보다는 체면 같은 외적인 것에 더 신경 쓰게 된다. 또한 전체 분위기도 무거워지고, 다른 조직원들도 위축시켜 조직의 업무 능력을 떨어뜨린다.

셋, 꾸중하기 전에 경청한다.

윗사람이 아랫사람을 나무라는 것이 꾸중이다 보니 오해로 인한 꾸중도 적지 않다. 나무랄 일이 있어서 불렀으면 무작정 꾸짖기 전에 먼저 내가 상황을 정확히 파악하고 있는지 상대방의 생각이나 입장을 들어볼 필요가 있다. 그래야만 잘못된 점을 제대로 짚어서 바로잡을 수 있다.

넷, 문제를 해결하는데 초점을 맞춘다.

꾸중은 사사로운 감정에 치우치다 보면 '꾸중을 위한 꾸중'이 되기 쉽다. 개인적인 감정이 개입되지 않도록 각별히 유의할 필요가 있다. 감정이 격앙된 상태에서 이야기를 하다 보면 상대방은 자신이 잘못하긴 했는데 뭘 잘못했는지 모를 수도 있다. 상대방이 잘못한 점을 정확히 지적해서, 자신의 잘못을 스스로 인정하고, 해결 방법을 모색할 수 있도록 유도해야 한다.

다섯, 과거를 들먹이지 않는다.

참고 참다가 꾸중을 하게 되면 감정이 격해져서 과거의 잘못까지 들춰가면서 꾸짖게 된다. 참고 넘어간 일은 잊어버리고 현재의 잘못만을 놓고 꾸짖는 게 바람직하다. 과거의 잘못까지 일일이 늘어놓으면 꾸중이 아닌 비방으로 받아들이게 된다. 또한 인신공격으로 오인해 반발하거나, 모욕당했다는 생각에 수치심을 느낄 수 있으므로 철저하게 현재의 잘못만을 놓고서 꾸짖어야 한다.

여섯, 인격적인 부분은 건드리지 말아야 한다.

언성을 높이다 보면 자신도 모르게 화가 치밀어 욕설을 퍼붓거나 다른 사람과 비교하게 된다. 일단 모욕감이 들면 자신의 잘못은 까맣게 잊어버리고, 그 부분에 대해서만 집착하게 된다. 잘못을 저질러 놓고도 적반하장 격으로 오히려 화를 내기도 한다. 꾸중을 할 때도 인격적인 면은 최대한 존중해 줘야 한다.

일곱, 일관성이 있어야 한다.

꾸중은 공정해야 효과적이다. 똑같은 잘못을 저질렀는데 누구는 눈감아 주고, 한 사람만 나무란다면 자신의 잘못을 바로 잡아야겠다는 생각보다 억울하다는 생각이 먼저 든다. 일관성을 유지하기 위해서는 편애하고 미워하는 마음부터 버려야 한다. 또한 상황이나 기분에 따라서 감정적으로 행동하지 말아야 한다.

기쁨이 담긴
선물을 하는 기술

선물은 기쁨을 주고받는 행위다. 선물을 받는 사람도 기쁘지만 선물을 하는 사람도 기쁨을 느낀다. 대체적으로 어려서부터 선물을 받아본 경험이 풍부한 사람이 선물을 잘 한다. 받는 기쁨을 잘 알기에 어떤 선물을 어떻게 건네주면 상대방이 기뻐할지를 안다.

하지만 대다수가 선물을 주고받는 일에 서툴다. 남에게 베풀 만큼 마음의 여유가 없이 살기 때문이기도 하고, 선물을 가장한 뇌물을 건넸다 사회적 파장을 일으킨 사건들을 봐 왔기 때문이기도 하다.

선물은 특별한 날에 특별한 사람에게만 하는 것은 아니다. 인맥관리를 떠나서 선물은 소통하는데 있어서 유용한 방식이다. 감사할 일이 있을 때는 물론이고, 평상시에도 지인들에게 선물을 함으로써 따뜻한 나의 마음을 전할 수 있다.

지인 중에 선물을 잘 하기로 유명한 사람이 있다. 생일이나 결혼기념일 같은 특별한 날은 물론이고, 일출이나 석양이 아름다워서 내 생각이 나서 샀다며 선물을 건네기도 한다. 기대하지 않고 있다가 선물을 받으면 가슴이 뭉클해진다.

그는 가장 행복할 때가 선물을 고를 때라고 한다. 선물을 받고 좋아하는 표정을 떠올리면 그렇게 신날 수가 없다는 것이다.

선물은 그 자체만으로도 기쁨이다. 그러나 이왕이면 다홍치마라고, 선물하는 데도 몇 가지 요령이 있다.

하나, 작은 선물일지라도 기꺼이 건네자.

일본인들은 양말이나 수건 같은 작은 선물도 스스럼없이 주고받는다. 주머니 형편이 여의치 않다고 고민하지 말고 형편에 맞게 선물을 하면 된다. 더 좋은 선물을 못해서 안타까워할 필요는 없다. 다음에 더 좋은 선물을 하면 된다. 선물이란 그 사람에 대한 나의 마음을 담았다는 데 의미가 있다.

둘, 나를 기억할 수 있는 선물을 하자.

선물을 고를 때 가장 주저하게 되는 부분은 '이 선물이 과연 그 사람에게 필요할까?' 하는 것이다. 쉽게 판단이 서지 않는다면 나의 취향이 담긴 선물을 골라라. 포장지를 열었을 때는 물론이고, 선물을 바라볼 때마다 생각이 날 수 있도록. 이런 유형의 선물을 하고 난 다음에는 반드시 전화를 해야 한다. 상대방이 그 선물에 대해서 모르고 지나칠 수 있는 사연이나 좋은 점을 알려 주면 선물에 대한 시각이 새로워진다.

셋, 받는 사람이 좋아할 만한 선물을 하자.

선물을 받을 사람에 대해서 잘 알고 있다면 직업이나 취향 등을 고려해서 실용적인 선물을 하는 게 좋다. 오래 사귀었음에도 불구하고 잘 떠오르지 않는다면 그의 집이나 사무실을 슬쩍 찾아가라. 관심을 갖고 둘러보면 그에게 지금 필요한 것이 무엇인지 쉽게 찾을 수 있다. 만약 상대가 아이라면 아바타나 게임 아이템을 선물하는 것도 하나의 방법이다.

넷, 정성을 선물하자.

가장 기억에 남고 좋은 선물은 내가 직접 만든 선물이다. 세상에 단, 하나뿐이기 때문에 소중하게 간직하게 된다. 특별한 손재주가 없다면 음식을 손수 만들어서 선물하는 것도 좋은 방법이다. 정성이 담긴 음식은 감동의 여운이 오래 간다. 너무 바빠서 완성된 제품을 샀다면 카드 속에 따뜻한 마음을 담아라. 때로는 선물보다도 카드 속의 문구가 오래 기억에 남는다.

다섯, 좋은 물건을 발견하면 미리 사두자.

여행할 때는 물론이고, 길을 가다가도 누군가에게 주면 좋아할 특별한 물건을 발견하면 일단 발길을 멈춰라. 가격이 부담 없고 부피가 크지 않다면 미리 사놓는 것이 좋다. 그냥 지나치고 나면 훗날 반드시 후회하게 된다. 나중에 그 사람에게 그만큼의 기쁨이 담긴 선물을 사려고 하면 몇 배의 돈을 지불해야 한다.

여섯, 나에게도 가끔은 선물을 하자.

　선물은 소중한 사람에게 기쁨을 전하는 행위이다. 그렇다면 그 누구보다도 소중한 나에게도 가끔은 기쁨을 전해야 하지 않겠는가. 바쁘게 살다 보면 돈과 시간에 쫓겨 갖고 싶은 것도, 하고 싶은 것도 못한 채 살아간다. 지금 당장 눈을 감고서 나에게 필요한 것이 무엇인지 생각해 보라. 휴식, 바닷바람, 여행, 외국어 공부, 악기 연주, 독서, 칭찬, 벗과의 만남…. 수첩에 적어 두었다가 가까운 날에 나에게 기쁜 마음으로 선물하자.

CHAPTER 4

행복한 삶으로 바꾸기 프로젝트

성공은 능력보다 열정에 의해서 좌우된다.
승리자는 자신의 일에 몸과 영혼을 바친 사람이다.
_찰스 북스톤

가장 열광적인 꿈을 꿔라.
그러면 열광적인 삶을 살게 될 것이다.
_ 나폴레온 힐

왜 결심은
작심삼일로 끝날까?

사람들은 변신을 꿈꾼다. 멋진 주인공이 나오는 영화를 볼 때, 동창회에서 성공한 친구를 만났을 때, 성공한 강사로부터 강연을 들을 때, 다이어트에 성공한 친구의 예쁜 몸매를 봤을 때, 자기 계발서를 읽을 때….

굳게 결심해 보지만 사실 변신에 성공하는 경우는 그리 많지 않다. 대개는 며칠 지나지 않아서 다시 원점으로 돌아온다.

도대체 그 이유가 뭘까?'

바로 결심 자체에 절박함이 깃들어 있지 않기 때문이다. 절박함이 없는 결심은 여름날의 아이스크림과 같다. 조금만 방심해도 스르르 녹아서 흔적도 없이 사라져 버린다. 변신에 성공하기 위해서는 시간이 지나도 사라지지 않는 절박함이 있어야 한다.

절박함 없이는 새로운 습관을 만들기 힘들다. 습관이란 '뇌로부터 허락받은 행동'이다. A가 매일 새벽 다섯 시에 눈을 뜨는 이유도, B가 매일 오후 일곱 시부터 아홉 시까지 외국어를 공부할 수 있는 이유도 뇌에 관련 세포들이 자리하고 있기 때문이다.

뇌는 지극히 보수적이다. 기존 뇌세포들은 좀처럼 자신의 기득권을 양보하려 들지 않는다. 결심이 작심삼일로 끝나는 까닭은 기존 뇌세포들이 신진 세력이 자리 잡도록 허락하지 않기 때문이다. 마치 붙박이 장사치들이 새로 장사를 하려고 몰려든 뜨내기 장사치들을 쫓아내는 꼴이다.

따라서 습관을 바꾼다는 것은 일종의 '뇌 혁명'이다. 절박함이 없으면 결심을 이룰 수 없다. 뜨내기 장사치라도 죽자 사자 달려들면 자리를 내어 줄 수밖에 없듯이 뇌세포도 마찬가지다. 반드시 지키지 않으면 큰 손해를 감수해야 하는 약속, 믿었던 친구에게 당한 잊을 수 없는 치욕, 몸서리치게 싫은 가난 등은 인간을 절박하게 만든다. 이런 유의 절박함은 기존 뇌세포들도 받아들일 수밖에 없다.

그러나 보통 사람들이 하는 보통 결심은 이내 뇌에서 추방된다. '나도 부자가 되어야지!'라는 결심은 누구나 한다. 그러나 실천해서 부자가 되는 사람은 극소수다.

왜일까?

부자가 되는 방법을 몰라서도 아니고, 자본금이 없어서도 아니다. 결심이 뇌 속에 뿌리만 내리게 되면 부자가 되는 방법이나 자본금을 마련하는 방법쯤은 뇌세포들이 얼마든지 찾아낸다.

문제는 새로운 결심이 기존 뇌세포들의 면접을 통과하지 못한다는 데 있다. 기존 뇌세포들은 새로운 뇌세포가 전두엽 쪽에 형성되면 폭탄처럼 질문을 쏟아 붓는다.

"왜 부자가 되고 싶은데?"

"부자가 되어서 뭘 할 건데?"

다른 뇌세포들이 납득할 수 있는 대답을 해야만 기존 뇌세포들이 수긍하고 받아들인다.

"부자가 되면 좋잖아! 좋은 옷도 입고, 맛있는 음식도 사먹고…."

"자본주의 사회에서 돈이 많아 나쁠 건 없잖아?"

이런 식의 대답으로는 기존 뇌세포들을 설득할 수 없다. 이미 수없이 해 봤던 생각이고, 그 결과 또한 빤하기 때문이다.

변화하고 싶다면 무언가 절박한 이유를 찾아야 한다. 현재의 내 모습은 지난 세월이 빚어낸 작품이다. 변화하지 않는다면 나는 지금과 비슷한 모습으로 나이만 먹어갈 뿐이다. 지금의 내 모습이 마음에 들지 않는다면 변해야만 하는 절박한 이유를 찾아라. 절박한 이유는 책상 앞에 앉아서 하는 생각보다는 현장 체험을 통해서 찾는 게 효과적이다.

K는 대학을 졸업하고 직장에 들어갔다. 3년 남짓 다니다 보니 반복되는 직장은 물론이고 삶 자체가 지겨워졌다.

'원래 내가 꿈꾸던 인생은 이런 게 아니었는데….'

머리도 식힐 겸해서 휴가를 내서 뉴질랜드에 사는 삼촌에게 놀러 갔다. '반지의 제왕' 촬영지로 유명한 퀸즈타운과 마운트 쿡 국립공원 등을 직접 둘러보고 나니 대자연에 매료되었다.

"그래! 비록 우주여행은 못한다 하더라도 지구에서 태어났으니 죽기 전에 지구나 한 바퀴 둘러보자!'

휴가를 마치고 돌아온 K는 직장에 복귀했지만 세계를 여행하는 '또 다른 나'의 모습에 계속 끌렸다. 시간이 지나자 실천하지 못하고 상상만 하다 인생이 끝날까 봐 조바심이 나기 시작했다. 그는 죽기 전까지 세계 여행도 하고, 돈도 벌 수 있는 방법을 모색하다 여행사를 차렸다.

처음에는 대표 이사 겸 여행 가이드로 일했다. 그런데 세계 여행을 절반쯤 하고 나니 업무가 밀려서 더 이상 가이드를 할 수 없는 상황에 이르렀다. 그는 회사를 팔고 여행이나 계속 다니며 살까, 여행은 그쯤하고 회사를 키워 볼까 진지하게 고민하고 있다.

필요가 발명의 어머니라면 절박함은 변신의 어머니다. 게으름뱅이도 배에 물이 들어오면 벌떡 일어나서 배에 찬 물을 퍼내지 않는가. 절박해지면 누가 만류해도 소용없다. 아무도 도와주지 않아도 이리저리 뛰어다니며 스스로 방법을 찾아낸다.

목표는 있는데 진전이 없다면 원점으로 돌아가서 목표를 반드시 이루어야만 하는 이유부터 찾아라. 그 이유가 절박하다면 다시금 목표를 향해서 밤낮없이 달려가게 되어 있다. 지금까지 살아왔던 그 어느 때보다 열정적으로!

장점을 발전시키는데
시간을 집중 투하하라

"아무리 못해도 평균 이상은 해야지!"

학창시절에 성적표를 보여 주면 부모님께서 종종 이런 말씀을 하신다. 나 역시 몇 개 과목에서는 우수한 성적을 올렸지만 한 과목은 낙제점에 가까웠다. 부모님이 잘한 과목에 대해서는 칭찬해 주지 않고 못한 과목만 꾸짖어서 몹시 서운했던 기억이 난다.

부모님 말씀이 틀린 것은 아니다. 좋은 성적을 얻기 위해서는 평균 이상의 점수를 얻어야 한다. 그러나 사회는 학교와 다르다. 한 가지만 잘하면 살아가는데 부족함이 없다. 굳이 만능인이 되어야 할 필요는 없다.

성공한 분들 중에는 의외로 약점을 지닌 분들이 많다. 말솜씨가 형편없거나, 낯가림이 심하거나, 계산이 서툴거나, 자폐증 증세를 갖고 있거나, 세상 물정을 전혀 몰라서 옆에서 지켜보고 있으면 오히려 답답할 지경이다.

가끔은 '저런 것도 못하는데 어떻게 성공했지?'라며 고개를 갸웃거리게 된다. 그러나 달리 생각해 보면 '약점이 있었기에 성공한 게 아닐까?'하는 생각도 든다.

한 번은 궁금해서 직접 물어본 적이 있었다. 그러자 이렇게 말했다. "안 되는 건 안 되는 겁니다! 물론 피나는 노력을 하면 어느 정도 개선될 수는 있겠죠. 하지만 비효율적이라는 거죠. 차라리 그 시간을 장점을 살리는데 투자하는 게 훨씬 효율적이죠. 그게 세상을 살아가는 현명한 방법 아닌가요?"

장점은 관심을 갖고 꾸준히 개발하면 발전 속도가 눈부시다. 그러나 약점을 보완하려면 보통 노력 갖고는 어림도 없다. 인간에게 주어진 시간은 한정되어 있다. 한정된 시간에 자신의 능력을 한껏 꽃피우는 게 바로 성공의 비결이다.

피아니스트가 수학을 못한다고 해서 대중이 연주회를 외면하지는 않는다. 소설가가 노래를 못한다고 해서 대중이 작품을 외면하지는 않는다. 다 잘하면 좋겠지만 개인이 사용해야 할 시간은 한정되어 있다. 수학을 못하기 때문에 피아노 연습에만 매달릴 수 있고, 노래를 못하기 때문에 사람들과 어울릴 생각을 않고 글에만 집중할 수 있다.

토끼에게는 수영보다 달리기를 가르쳐야 하고, 거북이에게는 달리기보다 수영을 가르쳐야 한다. 토끼에게 수영을 가르치고, 거북이에게 달리기를 가르친다면 발전 속도가 더딜 수밖에 없다. 타고 난 능력이 각기 다르기 때문이다.

많은 사람들이 앞서가기 위해서가 아니라 남들보다 뒤처지지 않기 위해서 안간힘을 쓴다. 평균의 삶을 살기 위해서 아까운 시간을 물 쓰듯이 사용한다.

외국어를 예로 들더라도 그렇다. 외국어 능력이 글로벌 시대의 생존법처럼 부각되다 보니, 직장인이면 누구나 외국어에 관심을 갖고 있다. 새벽이나 밤늦은 시간에 어학원에 다니거나 인터넷 강의를 들으며 부족한 외국어 실력을 채우기 위해서 안간힘을 쓴다. 그 중에는 대학을 졸업했음에도 불구하고 중학생 실력도 안 되는 사람도 꽤 있다. 충분한 시간을 투자해서 할 만큼 했음에도 불구하고 실력이 늘지 않으면, 이제 그만 외국어로부터 자유로워지라고 권하고 싶다.

지금까지 외국어 실력이 형편없었음에도 불구하고 별 탈 없이 살아오지 않았는가. 차라리 그 시간을 자신의 장점에다 투자하라! 훨씬 더 행복한 인생을 살 수 있으며, 성공 확률 또한 높아진다.

사회에 나왔으면 남들이 하니까 나도 해야 한다는 생각은 버려라.

인생은 예상보다 훨씬 더 짧다. 자신의 장점만을 개발해 나가기에도 부족하다. '이 일을 반드시 해야겠다!'는 결심은 에너지고, 열정이다. 사소한 일에 목숨 걸지 마라. 아까운 열정을 헛되이 사용하지 마라. 비록 작은 열정일지라도 한 곳으로 모아라.

통나무 한 개를 태우면 마음의 위안을 얻을 수 있을지언정 세상을 밝히기에는 부족하다. 그러나 통나무 열 개를 한 곳에 쌓은 뒤 불을 붙이면 나의 삶이 환해지고, 세상이 환해진다.

잠들어 있는
거인을 깨워라

세상을 살다 보면 의식적이든 무의식적이든 간에 자신의 미래에 대해서 꿈꾸게 마련이다. 좋은 꿈을 꾸는 사람도 있는 반면 나쁜 꿈을 꾸는 사람도 있다.

지인 중에 연필과 공책 살 돈도 없을 정도로 가난하게 살다가 사십 대 중반에 8층짜리 상가 건물을 세운 지인이 있다. 신축건물 완공식을 하는 날, 기분이 어떠냐고 물어봤더니 의외로 담담하게 대답했다.

"오늘이 꼭 올 줄 알았어요!"

또 다른 한 분은 어릴 때부터 머리가 비상했다. 그러나 그는 자신의 좋은 머리를 좋은 쪽으로 쓰지 않고 나쁜 쪽으로 사용했다. 자본도 없이 투자회사를 설립해서 지인들의 돈을 끌어 모았고, 그 돈으로 외제 승용차를 타고 다니며 향락적인 삶을 누렸다. 결국 모든 게 사기임이 발각돼 도피 생활을 하다가 감옥에 갔다. 면회를 가니 홀가분한 표정으로 담담하게 말했다.

"내 언젠가 이런 날이 올 줄 알았어요!"

프로이드는 인간의 정신세계에서 잠재의식이 90% 이상을 차지하고 있다고 말했다. 내 안에 거인이 잠들어 있는 것이다. 거인을 깨우기만 하면 누구나 원하는 삶을 살 수 있다.

성공의 씨앗도 실패의 씨앗도 바로 내 안에서 발아된다. 많은 사람이 성공을 꿈꾸지만 성공하는 사람이 소수인 까닭은 잠재 능력을 발휘하는 방법을 모르기 때문이다.

꿈을 향해 첫발을 내딛을 때는 엇비슷하다. '나는 반드시 성공할 거야!'라는 확신을 갖고 출발한다. 그러나 시련에 부딪치게 되면 잠재 능력을 발휘할 줄 아는 사람과 모르는 사람의 대처 방식이 엇갈린다. 전자는 '지금의 시련은 성공으로 가기 위한 과정이야. 이 과정을 슬기롭게 헤치고 나가면 분명 성공할 수 있어!'라고 생각하는 반면, 후자는 '내가 이 위기를 넘길 수 있을까?'하고 자신의 능력에 대해서 회의한다.

믿음은 승리에 대한 갈망을 낳지만 회의는 패배 의식을 낳는다. 그 순간, 승부가 엇갈리고 결국 각자 예상했던 대로 결과가 나온다.

시련이 닥쳤을 때일수록, 힘들고 어려울 때일수록 믿음이 있어야 한다. 인간의 드러난 능력은 빙산의 일각에 불과하다. 내가 스스로 포기하지 않는다면 위기를 극복할 수 있고, 꿈을 이룰 수 있다. 나의 능력을 믿고, 위기를 극복할 방법을 찾으면 보이지 않았던 길이 보이게 마련이다.

성공을 밖에서 구하지 마라. 나를 변화시킬 에너지를 밖에서 찾지 마라. 모두 내 안에 잠들어 있다. 내가 꿈꾸는 것이 좋은 일이고, 그것이 이루어지기를 간절히 소망한다면 언젠가는 이루어지게 되어 있다.

내 안에 잠든 거인을 깨우고 싶다면 세 가지를 기억하라.

하나, 구체적으로 상상하라.

예술가의 작품이나 세상의 발명품, 디자이너의 작품들은 모두 상상력의 산물이다. 그러나 대부분의 상상이 현실화되지 못하고 물거품이 되어 버리는 이유는 추상적으로 상상하기 때문이다. 막연한 상상은 물안개와 같다. 작은 시련도 견디지 못하고 왔다가 사라져 버린다. 구체적으로 상상하면 할수록 형체가 또렷해진다.

둘, 상상을 실현할 수 있는 힘이 내 안에 있음을 믿어라.

상상이 구체화되면 그것을 현실화시키기 위한 다양한 시도를 하게 된다. 물론 한 번에 이루어지는 경우도 있지만 드문 경우이고, 대개는 여러 차례 실패를 거듭하게 된다. 이때 대다수가 자신의 능력 자체를 의심하게 된다. 그러나 추호도 나의 능력을 의심하지 마라. 상상을 구체화할 능력이 있다면 그것을 실현시킬 능력 또한 내게 있다.

신은 인간을 만들 때 자신의 형상을 본 따서 만들었다. 신이 내게 주신 능력을 믿어라.

셋, 최대한 집중하라.

상상을 현실화시키고 싶다면 내 안의 에너지를 한 곳에 모을 필요가 있다. 분산되면 별 볼 일 없는 힘이지만 한 곳으로 에너지가 집중되면 놀라운 힘이 발휘된다. 시간을 단축시켜 줌과 동시에 평상시에는 상상조차 못했던 영감이 불쑥 떠오르기도 한다.

인간의 잠재능력은 무궁무진하다. 단지, 제대로 집중하지 못하기 때문에 그 능력을 제대로 발휘하지 못하는 것뿐이다.

내 인생의 주인으로 살아라

내 인생만큼은 그 누구의 것도 아닌 바로 내 것이다. 당연히 주인으로 살아가야 한다. 그러나 많은 이들이 어리석게도 손님으로 살아간다.

그렇다면 나는 과연 내 인생의 주인일까, 손님일까?

고난이 닥쳤을 때 대처하는 방식을 보면 주인과 손님을 분간할 수 있다. 쉬운 예로 둥지에 새알을 훔쳐 먹기 위해서 뱀이 들어왔을 때, 둥지 안에 있던 새가 달아난다면 주인이 아니다. 잠깐 남의 둥지 안에서 쉬고 있었던 중이다. 둥지의 주인이라면 아무리 무서운 독사라 할지라도 맞서 싸운다.

경사가 없이 평지만 있다면 산이 아니듯이, 고난이 없다면 인생이 아니다. 고난은 목표를 향해서 가는 길 곳곳에 도사리고 있다. 고난과 정면으로 마주할 수 있다는 것은 목표를 향해 앞으로 나아가고 있다는 증거다. 힘들다고 해서 등을 돌리거나 주저앉는 행위는 스스로 인생의 주인임을 포기하겠다는 선언과도 같다.

인생은 단, 한 번뿐인 축제다. 축제의 주인은 바로 나 자신이다. 축제를 벌이다 보면 번거로운 일도 생기게 마련이다. 주변을 두리번거리거나 할까 말까 망설이지 마라. 그건 다른 사람의 집에 놀러온 손님이나 하는 짓이다. 화병이 깨지면 손님은 주인의 눈치부터 살피지만 주인은 주저하지 않고 달려가 깨진 화병을 치운다.

주인 의식을 가져야만 주변에서 누가 뭐라 하든지 간에 인생을 내가 원하는 대로 살 수 있다. 그래야만 훗날 후회하지 않는다.

일상생활에서는 물론이고 직장에서도 주인 의식을 갖고 일해야 한다. 주인 의식은 기업에서 리더가 조직원들에게 강조하는 대표적인 덕목 가운데 하나다. 업무 성과를 높이려면 주인 의식은 필수이기 때문이다.

아무리 소통이 원활한 시스템을 갖추고 있다 하더라도 리더가 조직원들을 하나부터 백까지 챙겨 줄 수는 없는 일이다. 리더가 목표를 제시하고 조직원들이 최대한 역량을 발휘할 수 있도록 분위기를 조성해 주면, 그 뒤부터는 조직원들이 각자 헤쳐 나가야 한다.

리더가 주인 의식을 강조한다는 것은 그만큼 조직원들에게서 주인 의식을 찾아보기 힘들다는 반증이기도 하다. '노예 의식', '하인 의식'은 만연한 반면, '주인 의식'을 갖고 있는 조직원은 드물다. 그 이유는 무엇일까?

대표적인 이유는 두 가지다.

하나, 가뜩이나 할 일도 많은데 구태여 내 손으로 일을 만들 필요가 없다는 인식이다.

시키는 일만 하다가 때 되면 퇴근하고, 주는 월급이나 받아먹겠다는 것이 요즘 직장인들의 보편적인 심리다.

이 문제를 해결하기 위해서는 성과급 제도가 필요하다. 귀찮고 번거롭더라도 회사의 이익을 위해서 자신을 희생하는 조직원에게는 그에 합당한 보상이 주어져야 한다. 자발적으로 앞에 나서서 힘들게 일하나 뒤에서 팔짱 끼고 있으나 똑같은 성과급을 받는다면 누가 앞에 나가서 일을 하겠는가.

전 직원을 대상으로 한 성과연봉제는 아니더라도, 열심히 일해서 높은 성과를 올리는 직원에게는 섭섭하지 않을 정도의 성과급이 돌아가야만 비로소 '주인 의식'을 지니게 된다.

둘, 결과에 대한 책임을 져야 하기 때문이다.

회사 규정에 없는 처치 곤란한 문제에 부딪칠 때는 물론이고, 좋은 아이디어를 갖고 있을 때에도 드러내지 않고 사장시켜 버리는 경우가 허다하다. 결과가 좋지 않아서 인사고과에 영양을 주거나 문책을 당하면 어떡하나, 하는 두려움 때문이다.

이 문제를 해결하기 위해서는 결과를 중시하는 기업 풍토를 바꿔야 한다. 일을 하다 실수로 회사에 손실을 끼쳤다 하더라도, 의욕을 높이 사고 과정을 살펴서 오히려 성과급을 지불한다면, 두려움이 사라진다.

열 개의 새로운 프로젝트 중에서 7할이 실패하고 3할만 성공한다고 하더라도 회사로서는 이익이다. 직원들이 열정을 갖고 계속 도전할 수 있는 분위기를 조성해 줘야만 비로소 '주인 의식'을 지닐 수 있다.

직장 생활에서 주인의식을 갖는다는 것은 회사는 물론이고, 나의 발전을 위해서도 반드시 필요하다. 직장 생활 역시 인생의 일부이기 때문이다. 사사로운 문제를 처리할 때는 '내 입장'을 생각해야 하지만, 회사 업무를 처리할 때는 '회사의 입장'에서 생각해야 한다. 그래야만 회사도 성장하고 개인도 함께 성장한다.

주인 의식은 열정을 지닌 사람들의 전유물이다. 내 삶을 변화시키고 싶다면 손님처럼 행동하지 말고 주인 의식으로 무장하라.

주인 의식을 가져야만 주변에서 누가 뭐라 하든지 간에
인생을 내가 원하는 대로 살 수 있다.
그래야만 훗날 후회하지 않는다.

필요한 시간을 창조하라

"판소리를 배우고 싶은데 시간이 없어서….."

얼마 전 만난 지인이 회사 일 때문에 올해도 판소리를 배울 수 없을 것 같다며 불평을 늘어놓았다. 학창시절의 열정적인 모습은 그 어디에서도 찾아볼 수 없었다.

세계적인 지성인 요한 볼프강 폰 괴테는 시간에 대해서 이렇게 말했다.

"잘만 사용하면 시간이 언제나 충분했기에 나는 때때로 두 배, 세 배의 일도 해냈다. 시간은 무한히 길며 채우고자 한다면 아주 많이 들어갈 수 있는 그릇이기 때문이다."

시간은 일정하지 않다. 사용하는 사람에 따라서 얼마든지 늘릴 수도 있고, 줄일 수도 있다. 또한 시간은 필요하다면 얼마든지 창조해서 사용할 수 있다.

그러나 시간 창조는 열정적으로 살아가는 이들의 비법이다. 열정이 없는 사람은 결코 시간을 창조할 수 없다. 창조력이란 필요에 의해서 발휘된다. 어떤 일에도 열정을 느끼지 못하는 사람은 주어진 스물네 시간마저도 길다. 사소한 것에 목숨 걸다가 있는 시간마저도 소모해 버리는 게 대다수의 삶이다.

창조에는 두 가지가 있다. 세상에 없는 것을 만들어내는 '발명(invention)'이 있고, 기존에 있던 것을 바꿔서 새롭게 하는 '혁신(innovation)'이 있다. 시간 창조는 혁신에 해당된다.

스물네 시간 바쁘게 살아가고 있는데도 불구하고 더 이상 발전이 없다면 시간을 창조하는 문제에 대해서 진지하게 생각해 봐야 한다. 타성에 젖어서 아까운 시간을 헛되이 낭비하고 있는 것은 아닌지 돌아보아야 한다.

'혁신'이라고 해서 거창하게 생각할 필요는 없다. 조금만 생각을 바꾸면 누구나 혁신을 할 수 있다. 일단 혁신을 하겠다는 결심을 하고 나서 종이와 펜을 준비하라. 혁신에 앞서 나의 하루가 어떻게 사용되고 있는지 눈으로 확인해 볼 필요가 있다.

하나, '시간 사용 내역서'를 작성한다.

아침에 눈을 떠서 다음날 아침에 눈을 뜨기 전까지 24시간을 어디다 어떻게 사용하고 있는지 꼼꼼하게 적는다.

둘, 헛되이 낭비하고 있는 시간을 체크한다.

출근해서 업무 시간 전까지의 자투리시간을 제대로 사용하고 있는지, 업무 시간은 충실히 사용하고 있는지, 점심이나 저녁 식사를 하고 나서 남는 시간을 헛되이 보내고 있는 건 아닌지 등을 체크한다.

셋, 당연히 써야 할 곳에 쓰고 있다고 생각되는 시간을 의심해 본다.

출퇴근 시간, 업무 시간, 컴퓨터 앞에 앉아서 습관적으로 쓰는 시간, 식사 시간, 취침 시간 등을 제대로 사용하고 있는지 의심해 본다.

사용처를 정확히 알았다면 이제부터 혁신을 해 보자. 혁신은 목표를 달성하는데 보탬이 될 수 있는 방향으로 이루어져야 한다.

하나, 최선의 사용처를 찾는다.

먼저 사용 시간을 줄일 수 있는 방법을 찾아야 한다. 그런 다음 남는 시간을 어디에 사용해야만 최선일까를 고민해야 한다.

둘, 효율성을 따져 본다.

예를 들어서 출퇴근 시간은 당연히 써야만 하는 시간이다. 그러나 그로 인한 시간 낭비가 만만치 않다면 이사를 고려해야 한다. 이사는 가족들의 삶이 얽혀 있기 때문에 생각처럼 간단한 문제는 아니지만 이사함으로 얻을 수 있는 장점과 단점 등을 비교해 보고 어느 편이 효율적인지 따져 보아야 한다.

셋, 시간의 질을 높인다.

업무 시간에 일을 하기는 하지만 집중할 수 없다면 주저하지 말고 환경을 개선해야 한다. 휴식 시간을 어떻게 보냈는지 모르겠다면 휴식의 질을 높일 필요가 있다. 고객과의 면담, 동료와 함께 하는 시간, 가족과 함께 하는 시간, 수면 시간 등등…사용 시간은 줄이되 질을 높일 수 있는 방법을 찾는다.

"시간이 없어서…."라는 변명보다 바보 같은 변명은 없다. 묻혀 버린 시간은 캐내고, 무가치하게 사용되고 있는 시간은 용도를 바꾸고, 습관적이거나 의무적으로 사용하고 있는 시간은 질을 높여서 사용하다 보면 인생이 바뀐다.

사소한 것에 목숨 걸지 말고 단, 하루를 살더라도 제대로 살아라!

매일 한 발짝씩
앞으로 나아가라

몇 해 전, 35년 동안 직장 생활을 해서 받은 봉급만으로 제법 큰 빌딩을 샀다는 분을 만난 적이 있다. 재산 형성 과정이 궁금해서 어떻게 돈을 모았느냐고 물었더니 그 분이 손사래를 치면서 이렇게 대답하셨다.

"에이, 특별한 비법은 없어요! 직장 생활을 처음 시작할 때부터 재산을 매월 불려 나가야겠다고 결심했죠. 아이들 키우는 재미도 재미지만 돈 불려 나가는 재미도 쏠쏠하더라고요. 세월이 가는 걸 몰랐을 정도니까요."

큰 아이가 대학 입학할 때 처음으로 그 기록이 깨졌을 뿐, 그 전에는 단, 한 달도 실패한 적이 없다고 했다.

그렇다고 투자는 일체 하지 않고 통장에만 저금한 것도 아니었다. 다른 분과 차이가 있다면 철저하게 안전 투자를 했다는 점이었다. 아무리 고수익이 보장된다고 해도 원금이 손실될 가능성이 삼십 퍼센

트가 넘는다고 판단되면 쳐다보지도 않았다.

고민 끝에 선택한 것이 땅에 대한 투자였다. 땅은 한정되어 있기 때문에 가치가 하락할 확률이 낮다고 판단했다. 통장에 월급이 쌓여서 목돈이 되면 행여 손실 볼까 싶어서, 발품을 팔아 직접 현장을 수없이 탐색하고, 전문가가 귀찮아 할 정도로 물어본 뒤에야 땅을 매입했다.

"운이 좋았어요! 내가 사고 나면 얼마 뒤에 행정도시가 들어선다든지 하는 식으로 호재가 터졌으니까요."

그분은 단순히 운이라고 표현했지만 그것은 '준비된 행운'이었다. 땅을 사기 전에 행정도시가 들어설 거라는 소문쯤은 이미 들었을 터였다.

나로서는 그보다도 매월 돈을 불려 나갔다는 사실이 신기했다.

"살다 보면 예상치 않게 큰돈이 들어갈 때도 있잖아요? 근데 어떻게 매월 재산이 불어날 수 있죠?"

"그래서 예비용 통장을 하나 만들어뒀어요. 보너스 일부하고 상가에서 매월 들어오는 돈을 목돈이 들어갈 때를 대비해서 매월 조금씩 넣어두었죠."

경조사비는 물론이고 자식들 사교육비까지도 그 통장에 들어 있는 한도 내에서 해결했다고 한다. 그 바람에 사교육은 제대로 시키지 못했지만 다행히도 자식들은 모두 좋은 대학에 들어갔다고 했다.

재테크에서는 이자가 이자를 낳는 '복리효과'를 중시 여긴다. 목표를 향해 나아갈 때도 마찬 가지다. 복리효과를 발휘해야 빠르게 목표를 달성할 수 있다.

목표를 지닌 사람이 가장 경계해야 할 것 중 하나가 '정체'다. 잠깐 쉬려고 했는데 한두 달이 후딱 지나가기도 하고, 잠깐 정지되어 있는 것 같은데 이삼 년이 순식간에 지나가기도 한다. 그 사이에 경쟁자는 시야에서 멀찌감치 사라져 버린다.

단, 하루라도 제자리걸음을 하거나 뒤로 물러서지 않겠다는 마음가짐이 필요하다. 아무리 힘들더라도 의식적으로 한 발을 앞으로 쭉 뻗을 필요가 있다. 그 한 발짝이 꿈을 이루게 하고, 남들보다 일찍 목표를 달성하게 한다.

인생에서 복리효과를 발휘하기 위해서 매일 세 가지만 실천해 보자.

하나, 어제보다 더 나은 사람이 되자.

아침에 출근하기 전에 거울 앞에 서서 미소를 지으며 이렇게 말하자. "어제보다 더 나은 사람이 되자!"

둘, 꿈을 향해서 한 걸음만 더 내딛자.

피곤하고 귀찮더라도 매일 꿈을 위해서 무언가를 해야 한다. 공부든, 일이든, 사람을 만나든, 돈을 모으든 간에 꿈을 향해 한 걸음만 더 내딛자.

셋, 잠들기 전에는 꿈을 이룬 나의 모습을 상상해 보자.

상상이 구체화되면 확신으로 바뀐다. 처음에는 어색하고 짧은 순간에 불과할지라도 매일 밤 잠들기 전에, 꿈을 이룬 나의 모습을 상상하자. 시간이 지나면 그것이 단지 꿈이 아니었음을 깨닫게 되리니.

열정이 식어 갈 때는
성공한 사람을 찾아가라

영원히 지속되는 것은 없다. 열정 또한 마찬가지다. 얼마나 오래 지속되느냐는 얼마나 관리를 잘 하느냐에 달려 있다.

꿈을 향해서 달리다 보면 어느 한순간, 열정이 사라져 버릴 때가 있다. 동기도 사라져 버리고, '인생이 별 거 있어? 그냥 이렇게 살다가 죽는 거지.'라는 생각과 함께 편하게 살고 싶은 충동에 휩싸인다. 이런 상황이 오래 지속되면 꿈에서 멀어진다.

장작불도 관리하지 않으면 이내 꺼진다. 장작이 타고 있는 동안은 모르지만 불이 꺼져 버리면 극심한 추위와 한기를 느끼게 된다. 다시 불을 피우려고 하면 여간 힘든 게 아니다. 불꽃이 약해지면 장작을 더 넣어서 불을 지피듯 열정도 꾸준한 관리가 필요하다.

단조로운 일상은 인간의 몸과 마음을 서서히 지치게 한다. 가끔은 생활에 변화를 줄 필요가 있다. 예전과 달리 마음이 느슨해져 있다면 성공한 사람을 찾아가라. 어떤 분야든 간에 성공한 사람에게는 배울

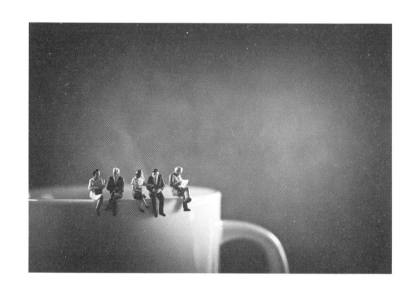

마음이 느슨해져 있다면 성공한 사람을 찾아가라.
어떤 분야든 간에 성공한 사람에게는 배울 점이 있다.

점이 있다. 성공 방식에는 일정한 패턴이 있다. 한 가지라도 배우겠다는 마음가짐이라면 그와의 만남이 자극제가 된다.

좀 더 강렬한 영감을 원한다면 같은 분야에서 성공한 사람을 찾아가라. 좀 더 강한 자극을 받을 수 있고, 현실적인 조언도 들을 수 있다.

행여 그 사람이 귀찮아할까 봐 미리부터 걱정하지 마라. 어느 분야든 성공한 사람이라면 그 정도 마음의 여유는 있다. 성공한 사람을 만날 때는 약간의 준비를 해 가는 것이 좋다. 그래야만 서로에게 유익한 시간이 되며, 폭격 맞은 듯 무수한 영감을 얻을 수 있다.

하나, 사전에 연락하라.

살고 있는 곳을 알고 있다고 해서 불쑥 찾아가는 건 예의가 아니다. 가능하다면 지인을 통해서 소개받은 뒤 찾아가는 게 좋다. 첫 대면일지라도 누군가의 소개로 만나면 첫 만남의 어색함을 없앨 수 있다. 그럴 수 없는 처지라면 미리 메일을 보내거나 전화를 해서 약속 날짜와 시간, 약속 장소 등을 잡아야 한다.

둘, 정보를 충분히 습득한다.

온라인이나 오프라인 등을 통해서 사전에 얻을 수 있는 정보는 모두 습득해야 한다. 방송이나 신문, 잡지 등에 실렸던 기사를 찾아서 꼼꼼히 본다. 또한 저술한 책이 있으면 대표작이나 최신작은 반드시 읽는다.

셋, 질문을 순서대로 준비하라.

첫 만남에서 헤어질 때까지 해야 할 질문을 미리 준비하는 게 좋다.

눈에는 보이지 않지만 질문에도 순서가 있다. 아무 준비 없이 만나서 생각나는 대로 질문을 하면 대화도 일관성이 없고, 정말 궁금한 것을 까먹게 된다. 층계를 오르듯 순서대로 질문하면 궁금증도 해소되고, 자극도 받게 된다.

넷, 간단한 선물을 준비한다.

선물은 귀한 시간을 내어 준 데 대한 감사의 표시다. 상대방이 부담을 느끼지 않는 선에서 하는 게 좋다. 책이나 음악 CD도 괜찮고, 마땅한 선물이 생각나지 않는다면 이야기를 나누면서 먹을 수 있는 과일이나 음료수만으로도 충분하다.

다섯, 대화를 주도하라.

대화를 주도하는 사람은 말을 많이 하는 사람이 아니다. 좋은 질문을 해서 상대방으로 하여금 훌륭한 대답을 이끌어내는 사람이다. 사적인 자리에서의 질문은 단도직입적으로 하는 것보다는 상대방이 질문에서 영감을 얻을 수 있게끔, 나의 생각을 짧게 말한 뒤에 하는 것이 좋다.

여섯, 만남을 계속 이어나가라.

첫 만남이 어렵지 한 번 만나고 나면 다음 만남은 서로가 부담이 없다. 목마른 사람이 우물을 파는 법이다. 상대방이 연락하지 않더라도 꾸준히 연락하라. 멘토로 삼을 수만 있다면 꿈에 한 발 더 다가서는 셈이다.

열정은 나누면
나눌수록 커진다

생산된 재화를 나눠서 쓰는 '공유경제(sharing economy)'가 확산되고 있다. 값비싼 명품이나 장난감을 대여해서 쓰고, 평상시 잘 입지 않는 파티 복이나 캠핑 도구를 대여해서 쓰는 방식이다. 불황이 계속되면서 지갑이 얇아진 소비자들이 재화를 소유가 아닌 공유의 개념으로 인식하면서 생긴 새로운 소비 형태다. 일종의 나눔이라 볼 수 있다.

세상에는 나누면 작아지는 것이 있는가 하면 나눌수록 커지는 것도 있다. 흔히들 불행과 슬픔은 나누면 작아지고, 행복과 기쁨은 나눌수록 커진다고 한다.

열정 또한 나눌수록 커진다. 열정은 에너지의 집합체다. 꿈은 에너지에 의해서 싹트고, 에너지에 의해서 완성된다. 꿈이 있는 사람은 누구나 가슴속에 열정을 갖고 있다. 일체 내색하지 않고 마음속에 자신만의 열정만을 간직하고 있는 사람도 있고, 자신의 열정을 나눠 줌으로써 더 큰 열정으로 키워 나가는 사람이 있다.

학창시절에는 마음속에 열정을 간직한 채 사는 것도 나쁘지 않다. 꿈을 이루기 위해서는 반드시 준비 과정이 필요하다. 그 누구도 한 걸음에 사다리 끝까지 올라갈 수는 없기 때문이다. 기본적인 소양과 실력을 쌓기 위해서 묵묵히 내실을 다질 줄도 알아야 한다.

하지만 일정한 시기가 되면 열정을 끄집어내서 함께 나눠야 한다. 가슴속에 열정을 오랜 세월 담아두고 있으면 있을수록 꿈을 이루지 못할 가능성이 높아진다. 열정을 공유할 때 꿈에 한층 다가설 수 있다.

과거에는 삶의 패턴이 단조로워서 혼자 힘으로 자급자족이 가능했다. 그러나 현대는 삶의 패턴이 복잡하게 얽혀 있어서, 다른 사람의 도움 없이 내 힘만으로 꿈을 이루기란 사실상 불가능하다. 고시를 준비하려고 해도 가족들의 도움 없이는 어려운 게 현실이다.

사업가가 꿈이든 예술가가 꿈이든지 간에 결정적 순간이 오면, 주변 사람들과 가슴속 열정을 나눌 필요가 있다. 열정이 강렬할수록 피드백도 강해지고 결의도 한층 단단해진다. '실패하면 어떡하지?'하는 두려움 때문에 열정을 가슴속에 묻어두고만 있으면 두려움만 점점 커지게 된다.

실패에 대한 우려는 떠오르는 즉시 지워라. 꿈을 향해 달려갈 때는 성공한 나의 모습만 그리며 달려가야 한다.

혼자서 묵묵히 자신의 일만 잘하던 사람이 인정받던 시절은 지났다. 기업에서도 개인의 역량보다는 협업 능력과 소통 능력을 중시 여긴다. 기술이 발전하고 사회가 복잡해지면서 개인이 할 수 있는 일이 줄어들었기 때문이다.

기업이 원하는 인재상은 고슴도치가 아닌 늑대다. 고슴도치는 위험이 닥치면 바늘 모양의 털을 곤두세운 채 몸을 숨긴다. 사회생활을 할 때 고슴도치처럼 처신하면 자신은 안전할지 몰라도 결국 외톨이가 된다. 반면 늑대는 무리지어 생활하면서, 위험이 닥치면 다함께 힘과 지혜를 모은다. 조직 체계가 분명해서 효율적인 사냥을 한다.

열정만 간직하고만 있는 직원이 환영받지 못하는 또 다른 이유는 노하우(know-how)를 공유할 줄 모르기 때문이다. 업무를 보다가 깨우친 노하우가 있다면 동료나 부하직원과 함께 나눠야 한다. 회사에서 외국에 출장을 보내거나 연수를 보내 줘서 깨달은 것이 있다면 직원들에게 들려주어야 한다. 단순한 출장 보고서 형식이 아닌 생생한 경험담을 동료들과 함께 나눌 때 회사가 발전한다.

회사 동료는 경쟁 상대가 아닌 동반자이다. 팀이 강해지고 회사가 성장하기 위해서는 서로의 열정을 한 곳에 모아야 한다. 동료가 상사에게 꾸중을 들었으면 다가가서 위로해 주고, 좋은 일이 있을 때는 함께 즐거워하며, 어려움이 닥치면 힘과 지혜를 모아서 함께 헤쳐 나가는 풍토를 조성해야 한다.

출근할 때부터 인상을 찡그리고 있는 동료를 보면 절로 인상이 찡그려지지 않는가? 집안에 안 좋은 일이 있었더라도 회사에 출근하면 미소를 지어야 한다. 직장 분위기는 누가 만들어 주는 것이 아니라 개개인의 노력에 의해서 만들어지기 때문이다.

자신만 아는 직원은 결국 고슴도치처럼 외톨이가 될 수밖에 없다. 자신의 이익부터 챙기고 싶은 마음이 들더라도 동료에게 양보할 줄 알아야 한다. 꿈을 이루고 싶다면 눈앞의 것에 현혹되기보다는 멀리 내다볼 줄 알아야 한다.

질투나 소모적인 경쟁 같은, 사소한 것에 목숨 걸지 마라!

실수는
한시라도 빨리 잊어라

　　스포츠 경기를 보다 보면 가슴이 조마조마해진다. 특히, 한 번의 실수가 승패와 연관되는 스포츠일수록 더욱 그렇다.

　　김연아 선수의 피겨 스케이팅이나 손연재 선수의 리듬체조 경기를 지켜보고 있으면 눈을 뗄 수가 없다. 행여 실수해서 빙판 위에서 넘어지거나 볼이나 곤봉을 놓치는 것은 아닐까, 가슴을 조이게 된다.

　　정상에 있는 선수들은 기술도 기술이지만 감정 관리 능력이 뛰어나다. 대부분의 선수들이 잘하다가도 실수를 한 번 하게 되면 연이어 실수한다. 도미노처럼 실수가 또 다른 실수를 불러오는 것이다. 한시라도 빨리 잊고서 다음 동작을 이어나가야 하는데 그게 생각처럼 쉽지 않다. 피나는 훈련을 했는데 바보처럼 중요한 순간에 실수를 했다는 자책감, 또 실수를 하면 어떡하나 하는 불안감, 코치나 가족이 느낄 실망감, 측은한 눈길을 보내는 관람객에 의해서 반사적으로 느끼는 자기 연민 등에 빠져서 헤어나지 못한다.

김연아 선수가 위대한 이유 중의 하나는 기술도 기술이지만 감정 관리 능력이 남달랐다. 한 번 엉덩방아를 찧어도 개의치 않고 준비한 프로그램을 충실히 수행해냈다. 그만큼 연습을 많이 했다는 증거이기도 하지만 자기감정을 스스로 통제할 수 있을 만큼 정신적으로 성숙하다는 증거이기도 하다.

강심장을 지녔기 때문이라고도 하지만, 어쨌든 감정 관리 능력이 뛰어났기에 피겨 역사상 여자 싱글에서 처음으로, 출전했던 모든 대회에서 3위 이내에 드는 '올포디움'의 위업을 달성할 수 있었던 것이리라.

살아가다 보면 누구나 이런저런 실수를 한다. 면접 볼 때 긴장한 나머지 실수하기도 하고, 중요한 프레젠테이션을 실수로 망치기도 하고, 상사에게 점수를 따려다가 실수해서 오히려 낙인찍히기도 하고, 건들지 말아야 할 상대방의 약점을 건드리는 바람에 원수가 되기도 하고, 처갓집에 대해서 무심코 말실수를 하는 바람에 혼자서 며칠씩 라면을 끓여먹기도 하고, 회사 회식 자리에서 필름이 끊겨 평생 잊지 못할 실수를 저지르기도 한다.

실수는 '부주의로 인해서 저지르는 잘못'이지만 상습범이 아니라면 개의치 않아도 된다. 의욕이 앞서다 보면 저지르기 쉬운 게 실수다. 실수에 사로잡히게 되면 제대로 실력 발휘를 못하게 된다.

꿈을 향해서 달려가는데 정말로 해서는 안 되는 실수를 하면 눈앞이 깜깜해진다. 순간, 만감이 교차하겠지만 감정에 사로잡히지 마라. 아직 끝내지 못한 프로그램이 남아 있지 않은가. 한 번의 실수가 게임 전체에 영향을 미칠 수 있으므로, 실수는 재빨리 잊어야 한다.

실수 자체를 두려워할 필요는 없다. 도마뱀은 위기가 닥치면 꼬리를 흔들어 적을 유인한다. 적이 꼬리를 덥석 물면 근육을 심하게 수축시켜 재빨리 꼬리를 끊고 달아난다. 꼬리는 시간이 지나면 다시 자라난다. 도마뱀에게 꼬리는 생존 생략을 위한 훌륭한 무기다. 인간도 도마뱀처럼 곤경에 빠지면 일부러 실수를 저질러서 그 상황을 빠져 나오기도 한다.

실수를 쉽게 극복하기 위해서는 평상시 훈련이 필요하다. 먼저 다른 사람들의 실수에 대해서 대범해질 필요가 있다. 가족은 물론이고 타인이 실수를 했으면 탓하기보다는 문제를 해결하기 위해서 노력해야 한다.

가령 집안에서 아이가 접시를 깼다면 부주의함을 나무라기보다는 다친 데는 없는지 살핀 다음, 깨진 접시부터 치워라.

"괜찮아! 나도 어렸을 때는 가끔 접시를 깨곤 했어."

회사 동료나 거래처 관계자가 실수해도 눈감아 줘라.

"괜찮습니다! 저도 가끔 그러는 걸요."

타인의 실수를 용서하는데 익숙해지면 자신이 실수 또한 금방 극복할 수 있다. 중요한 순간에 실수를 했다 하더라도 '그래, 인간이 신처럼 완벽할 수는 없지. 실수하니까 인간인 거야.'라는 생각이 저절로 든다.

실수는 상대적이다. 타인의 실수는 작게 보이는 반면, 내 실수는 크게 보인다. 하지만 입장을 바꿔서 생각해 보라. 내가 타인의 실수에 신경 쓰지 않듯이, 타인 또한 내 실수에 대해서 크게 신경 쓰지 않는다.

실수 또한 지극히 사소한 것이다. 사소한 것에 목숨 걸지 마라.

순간에 충실하는 법

P는 주말이 되면 밀린 회사 일을 걱정하느라 마음이 불안하다. 회사에 가면 퇴근 후 모처럼 동창들 만날 생각에 일이 손에 잡히지 않는다. 동창회 모임에서는 즐거움도 잠시, 집에 돌아가면 늦게 돌아왔다고 화나 있을 아내 생각에 가슴이 조마조마하다.

한심해 보이지만 실제로 P처럼 살아가는 사람이 의외로 많다. 생각이 앞서 가다 보니 한시도 마음이 제자리에 머물지 못한다. 이런 사람은 백 년을 살아도, 도대체 뭘 하며 살았는지 제대로 기억하지 못한다.

희랍신화에 등장하는 시지프스는 '영원한 죄인'의 화신으로 산꼭대기에 바위를 굴려서 올린다. 기껏 위로 올려놓으면 바위는 다시 아래로 굴러 떨어진다. 시지프스는 반복적인 노동을 끝없이 되풀이하고 있는 현대인을 상징적으로 보여 주고 있다.

만약 시지프스가 바위가 아래로 굴러 떨어질 때 다시 올릴 걱정을 한다면 그는 과연 언제 제대로 쉴까. 바위를 굴려서 올릴 때는 육체노동을 하고, 바위를 찾아서 산에서 내려올 때는 정신노동을 하는 셈이다.

일할 때는 일하고 쉴 때는 쉬어야 한다. 일할 때 밥 먹을 생각을 하면 일이 되지 않고, 밥 먹을 때 일 생각을 하면 소화가 되지 않는다.

일을 잘하기 위해서는 집중력이 필요하다. 집중은 목표했던 거리와 기간을 단축시켜 준다. 그러나 스물네 시간 계속 집중력을 발휘할 수는 없다. 쉴 때는 쉬고, 밥 먹을 때는 밥 먹고, 일할 때는 일하고, 잠잘 때는 잠자야 집중력을 높일 수 있다.

사람이 순간에 충실하지 못하는 까닭은 대개 사소한 걱정에 사로잡혀 있기 때문이다. 인생이란 도화지에다 나 혼자 그리는 그림이 아니다. 비록 내 인생이라 할지라도 내 계획이나 내 생각대로 술술 풀려 나가지 않는다. 미리부터 걱정한들 아까운 현재 시간만 낭비할 뿐 아무런 보탬이 되지 않는다.

지나간 과거에 붙잡히지 말고, 어떤 모습으로 다가올지도 모를 미래를 미리 걱정하지 마라. 현재의 순간에만 충실하라.

산을 내려올 때는 굴러 떨어진 돌을 다시 올릴 걱정 따위는 하지 마라. 산을 내려올 때는 주변 경치도 보면서 푹 쉬고, 새로운 출발점에서서 다시 돌을 밀어 올려라.

문제의 해결책 같은 좋은 아이디어는 뇌를 충분히 환기시켜야만 떠오른다. 정신없이 일만 하다 보면 일에 매몰될 뿐, 해결책이나 효율적인 방법을 찾아낼 수 없다. 구글을 비롯한 세계적인 기업에서는 창의력 개발을 위해서 업무 중 휴식 시간을 준다. 장시간 일만 하는 것보다는 창의력을 개발해 업무 효율을 높이는 쪽이 회사 발전에 보탬이 되기 때문이다.

현재의 순간에 충실해야만 집중력이 높아지고, 집중력을 높여만 꿈을 이룰 수 있다. 순간에 충실할 수 없다면 몇 가지 기술을 익혀야 한다.

하나, 과거에 집착하는 성격이라면 반성의 시간을 가져라.

현재는 과거와 연결된 결과물이다. 현재를 제대로 살기 위해서는 과거의 잘못은 인정하고 바로잡아야 한다. 그러나 과거에 집착해서는 현재를 제대로 살아갈 수 없다.

과거의 잘못이나 과거에 선택한 일에 대해서 지나치게 집착하는 성격이라면 매일 저녁 일정한 시간을 정해 놓고 반성의 시간을 가져라. 일기를 써도 좋고, 종이에다 써서 불에 태워도 좋다. 몸이 가벼워야만 꿈을 향해 질주할 수 있다.

둘, 쓸데없는 걱정은 수첩에 적어라.

걱정도 일종의 습관이다. 걱정이란 '과거에 발생한 일이나 미래에 발생할지도 모르는 일을 미리 생각해서 해결 방법을 모색하고자 하는 마음의 움직임'이다. 미리부터 걱정을 하는 이유는 걱정하고 있는 동안은 불안감이 덜하기 때문이다.

걱정을 하다보면 소중한 현재의 순간을 놓치게 된다. 평상시 걱정거리가 많다면 수첩을 넣고 다니다 걱정거리가 떠오를 때마다 적어라. 그런 다음 잊어 버려라. 잠들기 전에 들여다보거나 시일이 흘러서 들여다보면 아무 짝에도 쓸모없는 걱정이었음을 깨닫게 되리라.

셋, 마음의 긴장을 풀고 상황을 즐겨라.

어디를 가든 잔뜩 긴장해 있는 사람이 있다. 콤플렉스를 지니고 있거나 실수에 대한 두려움 때문이다. 이런 사람들은 마음이 자신에게 사로잡혀 있기 때문에 상황 자체를 즐기지 못한다. 남들이 웃으면 따라 웃고, 박수치면 뒤늦게 박수를 친다.

나의 콤플렉스나 실수에 신경 쓰는 사람은 나뿐이다. 저마다 자신의 삶을 살기도 바쁘다. 세상에 완벽한 사람은 아무도 없다. 콤플렉스는 잊어버리고, 실수에 대한 두려움은 지워라. 긴장이 풀려야 순간에 충실할 수 있다.

반드시
중간 점검을 하라

살다 보면 열정이 식으면서 꿈이 아득하게 느껴질 때가 있다. 꿈을 이루려면 중간에 지쳐서 포기하는 일이 없도록, 수시로 중간 점검을 해야 한다.

다른 사람에게 중요한 일을 맡겼다고 가정해 보라. 끝날 때까지 묵묵히 기다리는 사람이 얼마나 있겠는가. 수시로 중감점검을 하는 게 정상이다. 그래야만 돌발 상황에 대처할 수 있고, 기일 안에 목표했던 대로 차질 없이 끝낼 수 있지 않겠는가.

꿈이나 목표 또한 마찬가지다. 열정이 식지 않도록 목표를 향해서 잘 달리고 있는지, 다른 데서 엉뚱한 짓을 하며 헤매고 있지 않은지, 눈앞에 놓인 작은 것을 탐하느라 큰 목표를 외면하고 있지 않은지 돌아보아야 한다.

꿈이나 목표를 이루기 위해서는 나름대로 전략 전술이 필요하다. 의욕만 갖고 밀어붙이다가는 어떤 계기로 인해 열정이 식으면 목표에서 멀어지게 된다. 마치 살아있는 식물을 키우듯이 꾸준히 관심을 갖고서 관리해야 한다.

중간 점검을 한눈에 들어오도록 일목요연하게 하기 위해서는 목표 설정 자체가 잘 짜여 있어야 한다. 처음 목표를 설정할 때 반드시 기간을 명시해서, 장기·중기·단기 목표를 세워야 한다. 또한 가능하다면 숫자로 측정 가능하게끔 목표를 세우는 게 좋다. 그래야만 중간 점검을 할 때 오류를 바로잡을 수 있다.

목표를 설정하고 정신없이 매진하다 보면 시간이 어떻게 흘러가는지 모를 때가 있다. 그러나 아무리 바쁘더라도 중간 점검은 일주일에 한 번은 해야 한다. 중간 점검은 진행 사항을 확인하는 일임과 동시에 그 일을 반드시 이루겠다는 의지의 표현이다. 또한 언제 식어 버릴지 모르는 열정을 관리하는 일이기도 하다.

목표대로 차질 없이 진행되고 있는지, 돌발 상황은 없는지, 최종 목표를 향해 계획했던 대로 순항하고 있는지 면밀히 검토해야 한다.

이미 달성했어야 할 단기 목표를 달성하지 못했다면 어긋난 계획을 계속 추진할 것이 아니라 문제점부터 찾아내야 한다. 만약 예상치 못했던 문제가 발생했다면 원인을 찾아내서 같은 상황이 반복되지 않도록 조치를 취하고, 방해물이 있다면 방해물을 제거하고, 상황이 바뀌어서 이루기 어려운 문제점이 있다면 상황에 맞게끔 목표를 수정해야 한다.

특히 중간점검을 할 때는 중기목표를 유심히 살펴야 한다. 시대가 변하거나 환경의 변화로 목표 자체가 현실성이 없거나 쓸모가 없어졌다면 목표 자체를 변경해야 하기 때문이다.

목표가 너무 멀게 느껴지고 최종 목표를 달성하기까지 많은 시간이 필요하다면, 목표를 좀 더 잘게 쪼갤 필요가 있다. 그래야만 느슨해진 마음을 조일 수 있고, 적절한 긴장감을 유지해서 목표를 향해 계속 달려갈 수 있다.

중감 점검을 할 때 놓치지 말아야 할 점은 나 자신에 대한 성찰이다. 과거를 돌아보고 미래를 점검하되, 잘한 점은 더욱 잘해 나가도록 스스로를 격려하고, 잘못된 점은 자기반성을 통해서 개선해야 한다.

인간은 목표를 놓쳐 버리면 사소한 것들에 목숨 걸게 되고, 엉뚱한 곳에서 방황하게 된다. 헛되이 시간을 보내는 시간이 점점 늘어나다 보면 꿈은 아스라이 멀어진다.

미국 작가인 워싱턴 어빙은 "위대한 인물에게는 목표가 있고, 평범한 사람들에게는 소망이 있을 뿐이다."라고 말했다.

중간점검을 자주 해서 목표를 시야에서 놓치지 않도록 하라. 위대한 인물이 될 뻔했던 평범한 사람으로 남고 싶지 않다면.

매일 행복해지는
7가지 방법

주변을 둘러보면 매일 짜증을 내는 사람이 있는가 하면, 매일 웃는 사람도 있다. 행복해지는 것도 습관이고, 불행해지는 것도 습관이다.

행복이나 불행은 환경이나 어떤 일의 결과물이 아니다. 새로운 상황에 처했을 때 그 상황을 나의 뇌가 어떻게 인식하느냐에 따라서 행복과 불행이 결정된다. 그래서 불행한 억만 장자가 있고, 행복한 거지가 존재하는 것이다.

열정적인 사람은 긍정적으로 사고하는 습관을 갖고 있다. 웬만큼 짜증나는 일이 있더라도 그냥 웃어넘겨 버린다. 사소한 것에 신경 쓰고 싶지도 않을 뿐더러, 모든 상황이 즐겁기 때문이다.

그러나 열정이 사라져 버리면 부정적으로 사고하는 습관에 젖게 된다. 예전 같았으면 지나쳤을 작은 일에도 즉각적으로 화를 낸다. 상대나 그 상황에 대해서 화가 나기 때문이라기보다는, 자기 자신에 대해서 화가 나 있기 때문에 곧바로 화를 내는 것이다.

중국전통가면술의 하나인 '변검'을 보면 가면색이 순식간에 바뀐다. 분명 빨간색 가면이었는데 고개를 숙였다 들면 파란색으로 바뀌어 있고, 고개를 뒤로 돌렸다 바로 하면 노란색으로 바뀌어 있다. 그러나 가면극이 계속 될 때까지 바뀌지 않는 것이 있으니, 바로 가면극을 하는 주인공이다.

세상의 행복과 불행은 변검에 등장하는 가면 색깔 같은 것이다. 가면이 바뀔 때마다 일희일비할 필요 없다. 가면극을 하는 주인공이 그대로이듯 나 자신의 인식만 바뀌지 않는다면 얼마든지 불행조차도 행복으로 받아들일 수 있다.

얼마 전에 외곽순환도로에서 가벼운 접촉 사고가 난 친구와 술을 마셨다. 사고 현장을 수습하고 달려왔다는 친구는 몹시 행복해했다. 비록 차는 부서졌지만 사람이 다치지 않았으니 얼마나 다행스런 일이냐며 행복한 미소를 지었다.

펜실베니아 대학 연구팀이 500명을 대상으로 6개월 동안 실시한 연구에 의하면, 일정한 훈련을 하면 우울감이 감소하고 행복감이 증진되는 것으로 밝혀졌다. 인간에게는 심리조절장치가 있어서 행복해지려는 의도적인 시도를 무력하게 만든다는 기존 이론을 뒤엎는 새로운 연구 결과였다.

행복은 돈 주고도 못 사는 것인데 간단한 노력만으로 행복해질 수 있다니 그 얼마나 놀라운 일인가. 하루하루를 행복하게 살아가고 싶다면 펜실베니아 대학 연구팀이 찾아낸 7가지 행복 방법론을 시도해 보자.

하나, 매일 밤 그 날 일어났던 좋은 일 세 가지를 생각해 본다.

좋은 일 세 가지는 무엇이며, 그것이 어떻게 해서 일어났는지 그 과정을 구체적으로 추적하다 보면 행복해진다.

둘, 자신의 장점 5가지를 찾아낸 뒤, 매일 새롭게 현실 속에서 실천해 본다.

유머 감각이 뛰어나다면 하루는 주변 사람을 즐겁게 만들어라. 학문에 대한 욕구가 크다면 하루는 뇌를 즐겁게 해 줄 책을 읽어라. 이런 식으로 하루에 한 가지씩 실천하다 보면 매일 매일이 행복해진다.

셋, 일상의 즐거움을 적극적으로 즐긴다.

식사의 즐거움, 산책의 즐거움, 일하는 즐거움, 휴식의 즐거움, 좋은 사람들과 함께 차를 마시는 즐거움, 가족과 통화하는 즐거움, 아름다운 노을을 보는 즐거움 등을 적극적인 마인드를 갖고 즐기면 행복해진다.

넷, 남에게 기억되고 싶은 자신의 모습을 적어본다.

가정에서, 직장에서, 친구들에게 기억되고 싶은 자신의 모습이 있으리라. 지금은 부족하더라도 기억되고 싶은 모습을 적어나가다 보면 마음이 따뜻해지면서 행복해진다.

다섯, 한 가지 일을 반복하기보다는 다양하게 일을 한다.

매일 똑같은 방식으로 일을 하면 일종의 '치매 현상'이 온다. 나중에는 일을 처리했는지, 안 했는지조차 기억나지 않는다. 뇌는 호기심에 목말라 있다. 새로운 일을 하다 보면 뇌세포가 활성화되면서 행복감이 밀려든다.

여섯, 살아오면서 가장 즐거웠던 일 생각하기.

즐거움은 즐거움을 낳고, 짜증은 짜증을 낳는다. 가장 즐거웠던 순간을 돌아보고 있으면 그 때의 감정이 되살아나면서 행복해진다.

일곱, 10년 뒤에 성공해 있는 자신의 모습 그려보기.

내가 꿈꾸는 모든 것들을 이루어낸 10년 뒤의 모습을 상상해 보라. 상상만으로도 행복감이 넘쳐 나지 않는가. 더욱더 가슴을 설레게 하는 것은 그것이 상상만이 아니라, 노력하면 실제로 이루어진다는 점이다.

일이 잘 풀리지 않을 때는
흔들어라

바둑 전술 중에 '흔들기'라는 것이 있다. 승부의 추가 기울었을 때 판을 혼란스럽게 만들어 불리한 바둑을 뒤집기 위한 전술이다. 흔들기는 바둑의 황제라 불렸던 조훈현이 즐겨 사용하였고, 천재 기사로 불리는 이세돌 역시 종종 사용하는 전술이다. 흔들기의 기본은 정확한 형세판단과 빠른 수읽기다.

이대로 상황이 계속 흘러갈 경우 패배가 확실하다면 대책을 세워야 하지 않겠는가?

인생 역시 마찬 가지다. 누군들 형세가 불리해지기를 원하겠는가. 처음부터 우세를 잡고 싶지만 살다 보면 일이 뜻대로 잘 안 풀릴 때가 있다. 우리 주변만 보더라도 한때는 잘 나갔지만 서서히 몰락해가는 사업이나 업종, 부자들을 쉽게 찾아볼 수 있다.

궁지에 몰리게 된 가장 큰 이유는 세상은 빠르게 변화하고 있는데 여전히 과거 방식만을 고수하고 있기 때문이다. 시간이 지날수록 형편이

나아지기는커녕 점점 더 궁색해진다면 '흔들기'가 필요한 시점이다.

"요즘 어때요?"

"말도 마세요. 단군 이래 최대 불경기예요!"

사업하는 사람을 만나 물어보면 열에 일고여덟은 이렇게 대답한다.

설령 불경기라 하더라도 사업이 기우는 원인을 단순히 불경기 탓으로 돌려서는 발전을 기대할 수 없다. 그런 변명은 마음의 위안을 얻을지언정 상황을 타개하는데 아무 도움이 되지 않는다. 패배주의의 문제점은 결정 되지 않은 패배를 받아들여서 이미 져 있다는 점이다.

장사가 안 되면 새로운 방법을 찾아야 한다. 세상은 빠르게 변화하고 있다. 경영학의 구루라 불리는 찰스 핸디는 '성공의 역설 중 하나는 당신을 그곳까지 오게 해 준 방법들이 계속 그 자리에 머물러 있지 못하게 한다는 것이다.'라며 경고했다. 과거의 성공 전략에 집착하고 있으면 반드시 위기를 맞게 되어 있다.

영원한 것은 없다. 고객의 니즈는 늘 변해 왔다. 정보화시대로 접어들면서 가속도가 붙었을 뿐이다. 고객이 뭘 원하는지 정확히 모르겠다면 불경기만 탓하지 말고 새로운 마케팅 기법을 도입하든지, 판로를 개척하든지, 온라인 매장을 닫고 오프라인 매장으로 전환하든지, 하다하다 안되면 업종을 변경해서라도 판을 흔들어야 한다. 혼신의 힘을 다해 뛰어다니면서 이리저리 흔들다 보면 기회가 반드시 찾아오게 마련이다.

취업이 어려운 시대라고 하지만 취업 역시 마찬 가지다. 서류에서 번번이 떨어진다면 자기 소개서를 완전히 바꿔야 한다. 면접에서 번번이 떨어진다면 면접 태도에 문제가 있음을 인정하고 전혀 다른 모습으로 면접에 임할 필요가 있다.

쥐꼬리만 한 봉급을 받으며 몇 년째 직장에 다니는데 도무지 보람도 찾을 수 없고 전망도 불투명하다면, 불평만 하지 말고 판을 흔들어야 한다. 비록 보수는 작더라도 보람이 있거나 전망 좋은 직장으로 이직하거나, 그것마저도 여의치 않다면 과감하게 개인 사업을 시작해야 한다. 십 년, 이십 년 뒤에도 지금처럼 열등감에 젖어서, 다가올 미래를 불안해하며 살 수는 없지 않은가?

직업 역시 마찬 가지다. 일을 즐겨야 하는데 적성에 맞지 않아 하루하루가 고문이라면 더 늦기 전에 판을 흔들어야 한다. 하기 싫은 일을 하며 인생을 허비하고 있다면 세계적인 아이스크림 체인점 '벤 & 제리스(Ben & Jerry's)'의 공동창업자인 제리 그린필드의 물음에 대해서 진지하게 고민해 봐야 한다.

"재미도 없다면서, 왜 그걸 하고 있는 거야?"

좋아하는 일을 해야 열정을 불태울 수 있다. 마치 밤새며 게임하듯이, 마치 애인과 데이트하듯이 그렇게 미친 듯이 일을 해야만 성공의 반열에 오를 수 있다.

젊음의 좋은 점은 잘못해도 바로 잡을 수 있는 기회가 있다는 것이다. 이 길이 아니라는 생각이 들면 판을 흔들어라. '흔들기'도 때가 있다. 시기를 놓치면 형세가 완전히 기울어서 반전의 기회마저도 사라진다. 실패에 대한 생각은 일단 잊어라. 오로지 '어떻게 하면 승부를 뒤집을 수 있을까?'만 생각하라. 가능성이 있다고 판단되면 '흔들기'를 시도하라. 혼신의 힘을 다해서 싸운 승부사는 패배를 부끄러워하지 않는다. 우리가 부끄러워해야 할 것은 패배주의에 젖어서 싸워 보지도 않고 패배를 인정하는 것이다.

자신감은
돈을 주고서라도 사라

"낙관주의는 성공으로 인도하는 믿음이다. 희망과 자신감이 없으면 아무것도 이루어질 수 없다."

타고 난 환경과 처지만 생각하면 그 어떤 자신감도 없이 위축된 삶을 살았을 것 같지만 누구보다도 자신 있게 인생을 살며 수많은 업적을 남긴 헬런 켈러의 명언이다.

인생을 열정적으로 살아가기 위해서 반드시 갖춰야 할 것 중 하나가 자신감이다. 세상의 모든 일에는 성공 확률과 실패 확률이 섞여 있다. 그러나 자신감을 갖게 되면 성공 확률이 급격히 높아진다.

주저하던 사업인데 자신감 넘치는 사람이 찾아와서 함께 하자고 제안하면, '저렇게 자신 있어 하는데 뭔가 있겠지.'라는 생각을 은연중에 품게 되고 왠지 성공할 것 같은 예감에 사로잡히게 된다.

실제로 새로운 분야를 개척하는 데는 자신감이 한몫 차지한다. 아무리 프로젝트가 완벽하다고 해도 자신감을 갖고 덤벼드는 사람이 아무도 없으면 그 계획은 묻히고 만다. 또한 실패로 끝날 일도 누군가 자신감을 갖고 덤벼들면 성공으로 끝나기도 한다. 따라서 자신감만큼은 살 수만 있다면 돈을 주고서라도 살만한 가치가 있다.

그렇다면 자신감을 키우기 위해서는 어떻게 해야 할까?

하나, 나의 판단과 능력을 믿는다.

자신감은 나의 내부에서 발생해서 외부로 표출되었다가 다시 피드백 되어 나에게 돌아온다. 똑같은 결정을 내렸는데 자신감이 넘치는 사람이 있는가 하면, 몹시 불안해하며 초조해하는 사람도 있다. 내가 불안해하면 상대방도 불안해지기 때문에 자신감이 뚝 떨어진다. 반면 내가 자신감이 넘치면 상대방도 자신감을 갖게 되어 나 역시 확고한 자신감을 갖게 된다.

둘, 작은 승리일지라도 이기는데 익숙해진다.

자신감은 성취감을 먹으며 자란다. 타인과의 약속은 물론이고 자신과의 약속을 지켜 버릇하면 점점 할 수 있다는 자신감이 붙는다. 큰 목표는 한 번에 이루려 하기 보다는 작은 목표를 하나씩 이뤄나가며 다가가야 한다. 그러다 보면 점점 자신감과 함께 가속도가 붙어서 큰 목표도 큰 어려움 없이 이루게 된다.

셋, 타인을 칭찬하고 격려한다.

타인을 비방하게 되면 마음속에 그늘이 드리워진다. 반면 타인을 칭찬하고 격려하면 마음속에 따뜻한 햇살이 들어차면서 자신감이 생긴다. 자신감은 불안감과 마찬가지로 전염된다. 주변 사람이 자신감이 넘치면 나 역시 할 수 있다는 자신감을 갖게 된다.

넷, 반듯한 자세를 취한다.

자세가 감정에 미치는 영향은 결코 무시할 수 없다. 오하이오 주립 대학 심리학과 리처드 페티(Richard Petty) 교수팀이 실시한 연구 결과에 의하면 허리를 반듯하게 펴고 앉는 것만으로도 자신감을 높일 수 있는 것으로 드러났다. 열정적인 사람은 걸을 때도 등을 반듯하게 펴고, 시선을 똑바로 하고, 주머니에서 손을 빼고 일반인의 걸음보다 조금 빠르게 걷는다. 패배자가 아닌 승리자의 자세는 무의식 속에서 나에게 자신감을 불어넣는다.

다섯, 거울 속의 내가 가장 멋있어 보이는 옷을 입는다.

인간은 타인의 평판에 약하다. 칭찬에는 기분이 좋아지지만 비방에는 금세 기분이 다운된다. 그러나 칭찬도 비방도 하지 않을 때에는 내 멋대로 상대방의 기분을 해석한다. 거울 속의 내가 멋있어 보일 때는 상대방이 나에게 반했다고 착각하고, 거울 속의 내가 맘에 안 들 때는 상대방이 나를 깔보고 있다고 오해한다. 중요한 모임에는 거울 속의 내가 가장 멋있어 보이는 옷을 입되, 귀가 얇은 사람은 너무 튀는 옷은 자제하는 게 좋다.

틈날 때마다
햇볕 속을 거닐어라

인간은 눈에 보이고 느끼는 대로 감정이 변하는 경향이 있다. 장마철이 길어지면 실제로 우울증 환자가 늘어난다. 햇볕의 양이 줄어들어 뇌에서 생체 리듬을 조절하는 멜라토닌이라는 신경전달물질의 분비가 저하되면서, 생체 리듬이 깨어져 발생하는 현상이다.

지금은 콘크리트 공간에 익숙해졌지만 인류는 오랜 세월 햇볕 속에서 사냥을 하거나 채집을 했고, 농사를 짓거나 물고기를 잡으며 살아왔다. 인체의 유전자는 실내 조명등보다는 자연광에 훨씬 익숙하다. 따라서 자주 햇볕을 쬐는 게 건강에도 좋고, 기분 전환에도 좋다.

아무리 바빠도 하루에 한 번쯤은 햇볕 속을 걸을 필요가 있다. 바쁜 직장이라면 점심시간을 이용해서라도 햇볕을 쬐라. 햇빛은 우울증을 치료하는 데 탁월한 효과가 있다. 또한 혈압을 낮춰 주고, 심장의 혈액 순환 기능을 돕고, 성 호르몬을 증가시키고, 인체의 저항력을 높여 준다. 하루에 15분만 정도만 햇볕을 쬐어도, 칼슘과 인의 흡수를 돕고 뼈를 강화시키는 역할을 하는 비타민 D가 일일 사용량만큼 생성된다.

햇볕은 수많은 장점을 지니고 있다. 그 중에서도 두 가지만 꼽는다면 긍정 마인드를 키워 주고, 마음에 평화를 가져다준다는 점이다.

인간은 미래를 예측할 줄 아는 뇌를 갖고 있지만 유감스럽게도 정확성은 매우 낮다. 따라서 인간은 어떤 모습으로 다가올지 알 수 없는 미래 때문에 불안하다.

인간을 불안하게 하는 것은 비단 그것뿐만이 아니다. 자신의 능력을 믿지 못하는 데서 오는 불안감, 실패에 대한 불안감, 실직에 대한 불안감, 실연에 대한 불안감, 배신에 대한 불안감, 파산에 대한 불안감, 질병에 대한 불안감, 죽음에 대한 불안감 등등…그 종류도 수백 가지가 넘는다.

불안감에 휩싸여 있을 때는 입안이 바짝바짝 마르고, 맥박과 호흡이 빨라지고, 동공이 확대되어 잠시도 제자리에 앉아 있을 수 없다. 한 발만 물러서서 바라보면 해결 방법을 쉽게 찾을 수 있음에도 불구하고 다른 생각을 할 겨를조차 없다.

작은 불안감 정도는 괜찮지만 거대한 불안감이 밀려들면 사무실에 앉아서 힘겹게 싸우고 있느니 차라리 사무실을 박차고 나와서 햇볕 속을 거닐어라. 잠시만 걸어도 불안감은 안개처럼 스르르 가신다. 불안감이란 밀물과 썰물 같은 것이다. 기세등등하게 밀려올 때는 나를 통째로 삼켜 버릴 것 같지만 이내 밀려간다.

불안감은 불필요해 보이지만 인류가 생존하는데 중요한 역할을 해 왔다. '나의 안전'을 위해서 끊임없이 경고를 보내 주는 일종의 파수꾼인 셈이다. 생명이 붙어 있는 한은 불안감과 대처하며 살아야 한다.

매번 가슴 졸이면서 시간 낭비하지 말고, 보다 현명하게 대처할 필요가 있다.

햇볕은 또한 마음의 평화를 가져다준다. 똑같은 풍경이라도 어둠 속에서 바라보는 풍경보다 햇살 아래 펼쳐진 풍경이 평화로워 보인다. 햇볕 속을 천천히 거닐다 보면 마음이 편안해지면서 점점 기분이 좋아진다.

때로는 따뜻하고 부드러운 손이 영혼의 상처를 조심스레 어루만져주는 것 같은 느낌을 받기도 한다. 그 순간, 알 수 없는 안도감이 따뜻한 빵 속으로 스며드는 치즈처럼 마음속으로 스며든다. 비로소 세상이 살아볼 만한 가치가 있는 곳이라는 생각이 들기도 하고, 사무실에서는 결코 얻을 수 없는 멋진 영감에 사로잡히기도 한다.

눈코 뜰 새 없이 바쁘다 하더라도 잠시라도 햇볕 속을 거닐어라. 풍경이 좋은 곳에 멈춰 서서 길게 심호흡도 하고, 간단한 체조라도 하면서 경직된 몸과 마음을 풀어라. 잠깐의 산책이 산더미처럼 쌓인 일을 마법처럼 줄여주기도 한다.

열정은 긍정 에너지다. 햇볕 속에는 긍정 에너지가 듬뿍 담겨 있다. 긍정 에너지를 최대한 인체 내부로 끌어들인 뒤 꿈을 향해서 달려가라. 비록 몸은 피곤할지라도 하루하루가 즐겁고 행복해진다.

행복의 씨앗을
심고 가꿔라

"나는 왜 이렇게 불행할까?"

영화나 드라마에서 한번쯤 들어봤던 대사이리라. 실제로 우리 주변에는 이렇게 혼잣말을 중얼거리는 사람이 적지 않다.

그렇다면 그 사람은 어느 날 갑자기 불행해진 걸까?

인간은 매순간 행복과 불행의 갈림길 위에 서 있다. 어떤 상황에 놓였을 때 그 상황을 행복으로 받아들이느냐, 불행으로 받아 들이냐는 그 사람이 어떻게 인식하느냐에 따라 달려 있고, 그 인식은 평상시 사고해 왔던 습관에 의해서 결정된다.

물론 천재지변으로 누구나 불행으로 인식할 만한 상황이나, 뜻하지 않았던 행운이 찾아와 누구나 행복으로 받아들일 만한 상황에 놓이기도 한다. 하지만 문명의 발달로 인해서 실제 그럴 확률은 높지 않다.

행복과 불행은 어느 날 문득, 찾아오지 않는다. 마당에 어떤 종류의 과일나무를 심었느냐에 따라서 열매가 결정되듯이, 평상시 뇌를 어떻게 길들여 왔느냐에 따라서, 행복과 불행이 결정된다. 따라서 '나는 지금 불행하고 앞으로 더 불행해질 거야!'라는 생각이 실제로 불행을 불러 오고, '나는 현재 행복하고 앞으로 더 행복해질 거야!'라는 생각이 실제로 행복을 불러온다.

행복이나 불행이 인간의 감정이다 보니 심리학적인 측면에서 접근했다. 그런데 근래에는 과학적으로 규명해 보려는 시도가 이어지고 있다. 경제학자들마저도 행복에 대해서 연구하다 보니, '행복경제학'이라는 새로운 용어까지 등장했다.

개인의 행복과 경제발전의 상관관계를 연구하는 행복경제학자들의 연구에 의하면, 경제발전이 뒤처진 후진국일수록 경제력과 행복은 밀접하다. 먹을 것이 귀한 나라에서는 경제적 풍요로움이 곧 행복이 되기도 한다. 그러나 경제발전이 이루어져 먹고 사는 문제가 어느 정도 해결되면 경제력이 행복에 미치는 영향력은 미미해진다.

한국 정도의 경제력을 지닌 나라에서는 돈이 행복에 미치는 영향력은 그리 크지 않다. 행복에 대해서 학문적으로 연구하는 학자들도 행복의 조건에 돈을 집어넣지는 않는다. 그들이 행복해지기 위해서 우선적으로 꼽는 세 가지 조건은 '가정의 화목', '원만한 인간관계', '보람 있는 일'이다.

몇 해 전, 경영전문 월간지에서 국내 대기업 CEO 86명에게 '가장 행복한 순간'을 묻는 설문 조사를 했다. 70%가 '삶에서 자기 성장이 이루어질 때', 16%가 '원만한 인간관계가 이루어질 때', 11%가 '주위로부터 인정받을 때'를 꼽았다. 행복 전문가들의 주장과 어느 정도 일치함을 알 수 있다.

행복이나 불행은 객관적인 지표에 의해서 결정되는 것이 아니라 주관적인 감정에 의해서 결정된다. 스스로가 행복과 불행을 결정하지만 인간은 사회적 동물이다 보니 주변 사람의 반응 또한 무시할 수 없다.

하지만 인간의 성향은 제각각이다. 행복한 인생을 살고 싶다면 자신의 성향을 먼저 파악해야 한다. 외부의 시선에서 행복을 느끼는 성향인지 스스로 만족하면 행복해 하는 성향인지 알아야 미래를 위해서 뿌릴 행복의 씨앗을 선택할 수 있다. 전자라면 명예나 권력을 쥘 수 있는 정치가나 사업가를 택해야 하고, 후자라면 개인의 자유를 만끽할 수 있는 예술가나 여행 작가 같은 꿈을 꾸어야 한다. 반대로 선택할 경우 오랜 세월 노력해서 꿈을 이루고도 오히려 불행해질 수 있다. 사회적으로 성공을 거둔 사람 중에는 이런 이유로 불행하다고 느끼는 사람이 상당수다.

사과가 잘 자라는 토양이 있고, 귤이 잘 자라는 토양이 있다. 꿈도 마찬 가지다. 자신의 성향에 맞는 꿈을 심어야 잘 자라고, 열매도 알차다.

행복한 삶을 살기 위해서는 타고 난 성향도 중요하지만 후천적인 노력도 무시할 수 없다. 어떤 상황에 놓일지라도 두 개의 감정 중에서 행복을 선택하는 습관을 기를 필요가 있다. 처음에는 쉽지 않겠지만, 생각을 바꿔서 인생이라는 넓은 관점에서 보면, 남들이 불행한 일이라고 혀를 차는 상황 속에서도 행복의 감정을 맛볼 수 있다.

인간의 뇌는 기대감과 성취감을 통해서 행복을 느낀다. 사소한 것에 목숨 걸지 말고, 꿈을 크게 갖고 인생이란 텃밭에 '예정된 행복'의 씨앗을 심고 가꿔 나가라. 열매가 자랄 때는 물론이고, 열정을 쏟아서 나무를 키우는 과정에서도 넘치는 행복을 맛볼 수 있다.

더 늦기 전에
화해의 손을 내밀자

뒤끝이 남는 대인 관계는 인간을 지치게 한다. 살다 보면 서로의 입장 차이로 관계가 멀어진 사람이 한두 명쯤은 있게 마련이다.

별 것도 아닌 일로 벌이게 되는 아내와의 신경전, 좋은 말로 해도 되는 문제인데 버럭 화를 내는 바람에 서먹서먹해진 부자지간의 관계, 모처럼의 부탁을 들어 주지 못해서 남은 동료에 대한 찜찜한 마음, 약속이 겹치는 바람에 참석하진 못한 친구 모친의 장례식, 동업을 하다가 사소한 다툼으로 멀어진 친구, 회사 사정으로 본의 아니게 약속을 어기는 바람에 볼 면목이 없어진 거래처 관계자 등등….

화해에도 시기가 있다. 시기를 놓쳐 버리면 평생을 남남처럼 살아가야 한다. 마음속에 그런 일들이 잔설처럼 녹지 않고 남아 있으면 살아가는 즐거움이 반감된다. 좋은 일이 있어도 그 사람 때문에 마음 한구석이 밝지 않다.

매년 봄이 되면 대청소를 하듯이 관계도 가끔 정리할 필요가 있다.

마음 한구석에 이러지도 저리지도 못한 채 남아 있는 사람이 있다면 어떤 식으로든 처리하는 게 좋다. 시간이 지나도 해결되지 않은 관계는 열정 에너지를 갉아먹는 주범이다. 시기를 놓치고 나서 뒤늦게 수습하려 들면 몇 배의 힘이 든다.

더 늦기 전에 관계를 정리하자!

마음 청소는 가까운 사람부터 시작하는 게 좋다. 가족은 가깝다고 해서 소홀히 하는 경향이 있다. 그러나 깊은 상처는 가까운 사람이 주는 법이다. 관계가 깊으면 깊을수록 작은 일에도 마음의 상처를 입게 마련이다.

가족과의 화해를 외식 같은 걸로 뭉뚱그려서 한꺼번에 해결하려고 하지 마라. 결코 현명한 해결책이 아니다. 아내나 형제, 부모와 화해하고 싶다면 일 대 일로 하라. 사람은 여럿이 있을 때보다 단둘이 있어야 진솔해진다. 마음의 문도 쉽게 연다. 감성적인 아내와는 가급적이면 분위기 있는 자리에서, 형제나 부모와는 조용한 자리에서 이성적인 대화를 통해서 화해를 시도하는 게 좋다.

내가 잘못한 일이 있다면 돌려서 말하지 말고, 정확히 마음속에 남아 있는 사건을 끄집어내서 용서를 구해야 한다. 솔직하게 대화를 나누면 이해하지 못할 일은 없다. 시작하기가 번거롭지 끝나고 나면 몸도 마음도 한결 가뿐해진다.

친구나 동료와 관계도 늦기 전에 정리하는 게 좋다. 사소한 잘못쯤은 메신저나 이메일로 용서를 구해도 되지만 큰 잘못이나 해묵은 감정은 직접 만나서 대화로 푸는 게 좋다. 비온 뒤에 땅이 굳는다고, 직접 만나서 서먹서먹했던 관계를 정리하고 나면 인생의 좋은 동반자가 된다.

회사 업무를 처리하다 본의 아니게 빚은 잘못은 근무시간에 처리해도 되지만 밖에서 만나서 상황을 설명하고 용서를 구해도 무난하다. 개인적으로 시간을 내서 찾아가면 성의가 있어 보이기 때문에 마음의 문도 쉽게 열린다. 비록 회사 사정 때문이라 할지라도 담당자였다면 나에게도 어느 정도의 잘못이 있는 것이다.

나이를 먹으면 먹을수록 이해의 폭 또한 커지기 마련이다. 젊었을 때는 볼 수 없었던 인생의 다양한 면이 보이기 때문이다. 화해하겠다고 마음만 먹으면 간단하게 해결할 수 있는 일을 찜찜하게 껴안고 살지 마라.

마음은 단순한 듯 보이지만 상당히 복잡하다. 마음이 어지러우면 어떤 일도 손에 잡히지 않는다. 나의 역량을 백 퍼센트 발휘하고, 목표를 향해서 성큼성큼 다가가기 위해서는 가끔씩 마음 창고를 정리할 필요가 있다. 용서를 구할 일은 구하고, 화해할 일은 화해하고, 용서해 줄 일은 용서해 주고 나면 새로운 에너지가 샘솟는다.

자유로운 영혼,
그 무엇에도 붙잡히지 마라

무언가에 중독된다는 것은 개인은 물론이고 사회적인 측면에서 봤을 때도 불행한 일이다. 우리 주변에 보면 중독자들이 적지 않다. 알코올 중독, 포르노 중독, 게임 중독, 약물 중독, 인터넷 중독, 스마트폰 중독, 도박 중독, 홈쇼핑 중독, SNS 중독….

처음에는 단지 기분 전환을 하는 거라며 대수롭게 여기지 않는다. 언제든지 마음만 먹으면 빠져 나갈 수 있다고 장담하지만 시간이 지나면 지날수록 문제가 심각해진다. 포르노나 도박 등을 즐길 때면 뇌에서 도파민이나 옥시토신 같은 신경전달물질이 분비된다. 기분이 좋아지기 때문에 계속 찾게 되고, 뇌에서 요구하는 강도도 점점 강해진다. 뇌는 결국 미로 속에 빠지게 되고, 제정신을 차렸을 때는 수많은 세월이 흘렀거나 폐인이 된 뒤다.

몇 해 전, 나이가 지긋한 신사 분이 자식 문제로 상담을 해 왔다. 외동아들이 명문대 법학과에 재학 중인데 주식에 빠졌다고 했다.

"처음에는 취미로 시작했어요. 애가 어느새 성인이 되어서 경제에 관심을 갖기 시작했구나, 싶어서 흐뭇하더군요. 그런데 한 일 년쯤 지났을까. 방에 들어가 보니까 온통 주식 책뿐인 거예요. 학업은 뒤로 미뤄둔 채 데이트레이딩을 하는 눈치더라고요. 제가 간곡하게 만류해도 안 들으니, 제 자식 놈을 만나서 주식은 그만하고 공부에 전념하도록 설득해 주셨으면 합니다. 제발 좀 도와주세요!"

솔직히 난감한 부탁이었다. 부모도 어쩔 수 없는 상황인데 제삼자인 내가 무엇을 할 수 있겠는가. 하도 간청해서 일단 만나 보았다.

한눈에 보기에도 인물도 잘생긴 데다 헌칠하고, 총명해 보였다. 본론은 꺼내지도 못하고 커피를 마시며 잡담을 나누다 보니 저녁 시간이 되었다. 자리를 옮겨서 저녁을 먹으면서 술을 한 잔 했다. 처음에는 경계심을 보이더니 술이 어느 정도 들어가자 속마음을 털어놓았다.

"저도 지금이 제 인생에서 중요한 시기라는 건 잘 알아요. 솔직히 컴퓨터 앞에서 몇 푼 되지도 않는 돈 갖고 온종일 데이트레이딩을 하다 보면 저 자신이 한심하다는 생각이 들곤 해요. 소탐대실이죠! 이제 정말 그만둬야겠다고 결심하고 프로그램을 지운 적도 여러 번 있었어요. 그런데 제 의지가 약한 건지 그게 뜻대로 잘 안 되더라고요. 저도 미치겠어요!"

그의 주식 중독증은 심각한 상태였다. 가족들은 모르고 있는데 등록금마저 주식으로 날리고 학교까지 휴학한 상태였다.

"다음 학기 전까지 배낭여행을 갔다 오는 건 어때? 의향이 있다면 내가 아버님께 말씀드려서 경비를 마련해 볼게."

나의 제안에 한참을 생각하던 그가 마지못해 고개를 끄덕였다. 다음날 아버지를 만났는데 뜻밖에도 펄쩍 뛰었다. 배낭여행은 위험해서 안 된다는 것이었다. 아들보다도 아버지를 설득하는 일이 훨씬 더 힘이 들었다.

가까스로 승낙을 해서 그는 넉 달 남짓 배낭여행을 갔다 왔다. 인사 차 들렀는데 표정이 비교할 수 없이 밝아져 있었다. 학교에 복학하고 도 몇 차례 연락이 오다가 한동안 연락이 뚝 끊겼다. 그로부터 삼 년 이 지나서 그의 아버지에게서 전화가 걸려 왔다. 아들이 사법고시에 붙었다는 것이었다.

살다 보면 인생이 원치 않는 방향으로 흘러갈 때가 있다. 뇌는 지금 잘못된 방향으로 가고 있다는 사실을 알지만 깊이 몰두한 나머지 스 스로의 힘으로 헤어나지 못한다. 내적 갈등이 증폭되면 뇌는 안정을 찾기 위해서 자신을 합리화하기 시작한다.

'뭐, 어때? 모로 가도 서울만 가면 그만이듯, 뭘 하든 돈만 벌면 되 지!'

그러다 세월이 흘러 제정신을 차리고 나면 줄 끊어진 연처럼 엉뚱 한 곳에서 나뒹굴고 있는 자신을 발견하게 된다. 꿈은 영원히 꿈으로 남은 채.

사소한 것에 목숨 걸고 있다면, 잘못된 만남인 줄 알면서도 그 관계 를 청산하지 못하는 상황이라면, 인생이 원치 않는 방향으로 흘러간 다면, 구속되어 있는 뇌를 환기시켜 줘야 한다.

가장 간단하고 효과적인 방법은 환경을 바꾸는 것이다. 이사를 하 거나, 핸드폰 번호를 바꾸거나 여행을 떠나라. 새로운 환경이 조성되 면 뇌가 객관적인 시야를 유지하게 되고, 스스로 무엇이 잘못되었고 앞으로 어떻게 해야 할지 방법을 찾아낸다.

뇌는 호기심에 약하다. 그러다 보니 살다 보면 누구나 한두 번쯤은 강렬한 유혹에 빠진다. 꿈을 이루느냐 이루지 못하느냐는 유혹을 얼마나 빨리 뿌리치느냐에 달려 있다.

자유로운 영혼, 그 무엇에도 붙잡히지 말고 꿈을 향해 달려가라. 물도 오랫동안 고여 있으면 썩듯이 청춘도 마찬 가지다. 열정 에너지를 헛되이 사용하지 마라. 인생은 긴 듯 보여도, 노루꼬리보다도 짧다.

하루를 짧게
하지만 인생을 길게 하는 것

가깝게 지내는 화가가 있다. 오랫동안 다른 일을 하다가 이 년 전부터 다시 붓을 잡았는데 그 동안 작업에 목말랐던 걸까. 작업실에서 두문불출한 채 미친 듯이 그림을 그렸다. 먹고 자는 시간 이외에는 대부분을 캔버스 앞에서 보내다시피 했다. 적지 않은 나이인데 어디서 저런 열정이 나올까 의아할 정도였다.

하루는 화실에 놀러갔더니 커피를 타 주겠다며 커피보트에 물을 올려놓았다. 커피물이 끓는 동안 팔굽혀펴기 오십 개를 했고, 허벅지가 바닥과 평형을 이룰 만큼만 앉았다가 일어나는 스콰트를 오십 번 했다. 그런 다음에야 숨을 헐떡이며 커피를 타왔다.

"따로 체력 관리를 할 시간을 낼 수가 없어서 말이야. 하루에 세 번씩 이렇게 운동을 하고, 하루에 삼십 분씩 빠른 걸음으로 산책을 하지. 아직까지는 견딜만해."

집으로 돌아와서 커피보트에 이 인분의 물을 올려놓고서 시간을 재보았다. 물이 끓기까지는 삼 분이 채 안 되는 시간이었다. 그 짧은 시간을 이용해서 운동을 하는 그의 열정이 부러웠다.

젊었을 때는 시간적인 여유가 있지만 건강관리의 필요성을 느끼지 못한다. 대다수가 중년이 되어야 각종 성인병에 대해 실감하며 뒤늦게 건강관리에 관심을 갖는다. 가뜩이나 해야 할 일도 많은데 아까운 시간을 쪼개서 운동까지 해야 한다.

운동은 몸이 필요성을 느끼기 전에 시작하는 게 좋다. 필요성을 느꼈을 때는 이미 체력이 형편없이 떨어진 뒤일 수도 있다. 살아가다 보면 몇 번의 고비가 찾아온다. 평상시 체력을 관리해 온 사람은 중년에 고비가 찾아와도 넘기지만 체력 관리가 안 된 사람은 고비를 넘기지 못하고 주저앉는다.

10대 때 운동을 해 놓으면 20대를 건강하게 보내고, 20대 때 운동을 해 놓으면 30대를 건강하게 보내고, 30대 때 운동을 해 놓으면 40대를 건강하게 보낸다. 50대, 60대, 70대도 마찬가지이다.

운동을 꾸준히 하기 위해서는 운동에 대한 마인드부터 바꿔야 한다. 바쁜 일부터 처리하고 다소 한가해지면 운동을 시작해야겠다고 생각하면 운동할 시간을 영원히 낼 수 없다. 하루 세 끼 식사에다 운동이란 한 끼 식사를 더 해서 하루에 네 끼 식사를 한다는 마음가짐으로 운동을 해야 한다. 밥까지 거를 정도로 바쁘다면 어쩔 수 없지만 밥을 챙겨먹을 정신만 있다면 운동도 빼먹지 말아야 한다.

눈코 뜰 새 없이 바빠서 도저히 짬을 낼 수 없다면 자투리 시간을 이용하면 된다. 틈틈이 스트레칭만 하더라도 건강에 도움이 된다. 커피물이 끓는 시간, 엘리베이터를 기다리는 시간, 눈의 피로를 푸는 시간, 신호등이 바뀌기를 기다리는 시간 등을 이용해서라도 몸을 관리하는 습관을 길러라.

정신없이 바쁘다는 것은 오랜 세월 꿈꿔 왔던 목표 지점에 다가왔다는 신호다. 그 어느 때보다도 집중력이 요구되는 시점이다. 언덕만 넘으면 꿈을 이룰 수 있는데 체력이 떨어져서 그대로 주저앉는다면 너무 안타깝지 않은가.

인간은 지혜로운 듯 보여도 어리석은 존재다. 평상시에는 깨닫지 못하다가 상실감을 통해서 비로소 존재의 의미와 가치를 깨닫는다. 대표적인 것이 건강이다. 몽테뉴가 일찍이 경고하지 않았던가.

"쾌락도, 지혜도, 학문도, 미덕도 건강을 잃으면 빛을 잃고 시들해진다."

운동을 하면 몸속 깊은 곳에서 긍정 에너지와 함께 행복 에너지가 솟구친다. 그것들은 오늘 하루를 활기차게 살아가게 하는 힘이 되고, 인생 전반을 활력 있게 살아가게 하는 원동력이 된다.

열정적인 삶을 살고 싶다면 지금 당장 운동을 시작하라! 운동은 하루를 짧게 하지만 인생을 길게 한다.

SUPPLEMENT

선물

성공하는 사람들의 10가지 특징

하나, 목표가 뚜렷하다.

꿈이 있는 사람은 별도 달도 없는 칠흑 같은 밤이 오더라도 길을 잃지 않는다. 가슴속에 품은 꿈이 내비게이션처럼 가야 할 방향을 수시로 알려 주기 때문이다.

둘, 마인드가 긍정적이다.

긍정적인 사람은 고난이나 실패를 두려워하지 않는다. 그것들은 파인애플을 둘러싸고 있는 껍질에 불과하다는 것을 알고 있다.

셋, 상상을 현실과 접목시킬 방법을 찾는다.

상상과 현실 사이에는 공간이 있다. 그 사이에 다리를 놓아야만 비로소 유용하게 쓰인다. 그 다리의 이름은 '도전'이다.

넷, 시간 관리를 잘한다.

시간은 야생마와 같다. 길들이면 초원 위를 질주해서 목적지에 쉽게 닿을 수 있다. 그러나 길들이지 못하면 땀을 뻘뻘 흘리며 이리저리 끌려 다니게 된다.

다섯, 나무보다는 숲을 본다.
아무리 유능한 인재일지라도 단점이 있고, 미래가 촉망되는 사업이라도 단점은 있다. 사소한 것에 집착하다 보면 정말 중요한 것을 놓치게 된다.

여섯, 인맥 관리를 잘한다.
세상의 모든 일은 사람이 한다. 수확을 하려면 땅에 씨앗을 뿌려야 하고, 일을 제대로 추진하려면 사람들 마음속에 신뢰를 심어야 한다.

일곱, 메모하는 습관이 있다.
뇌는 주인이 시키지도 않았는데 가끔씩 중요한 것들을 말끔히 지워버린다. 메모는 충실한 비서와 같다. 중요한 것들만 따로 모아놓는다.

여덟, 집중력이 뛰어나다.

인간은 누구나 놀라운 힘을 발휘할 수 있는 잠재능력이 있다. 잠재능력은 수줍음 많은 요정처럼 평상시에는 숨어 지내다가, 집중할 때만 슬며시 나타나서 주인을 돕는다.

아홉, 위기를 오히려 기회로 삼는다.

인생은 장애물 경기다. 평지를 어떻게 달리느냐보다 장애물을 어떻게 넘어가느냐에 따라서 희비가 엇갈린다.

열, 열정적으로 살아간다.

열정은 이성보다 힘이 세다. 이성은 결코 못할 일을 거뜬하게 해낸다. 또한 전염성이 강해서 주변 사람들에게 의욕을 불어넣어 준다.

실패하는 사람들의 10가지 특징

하나, 자신의 재능에 대한 확신이 없다.

위기의 순간에 찾아오는 재능에 대한 회의는 자신감을 잃게 한다. 결국은 실패를 거부할 수 없는 운명처럼 받아들이고 만다.

둘, 잘못을 인정하기 전에 '-탓'을 한다.

내가 뭘 잘못했는지 솔직하게 인정하지 않으면 삶은 개선되지 않는다. 개선되지 않는 삶은 방치해 둔 쓰레기 속에서 나뒹구는 것보다 나을 게 없다.

셋, 주변 사람이 성공하면 시기심을 느낀다.

어떤 분야든 성공에는 반드시 배울 점이 있다. 특히 비슷한 시기를 살아가는 사람의 성공은 훌륭한 모델이 될 수 있다. 그러나 시기심으로 눈이 멀면 아무것도 보지 못한다.

넷, 시간 관리에 기복이 심하다.

기분이 좋을 때는 잘 관리하다가도 실의에 빠지면 방치해 둔다. 시간을 방치해 둔 인생은 잡초만 무성한 폐가와 흡사하다. 귀한 손님이 찾아왔다가도 이내 돌아선다.

다섯, 불안감을 다스리지 못한다.

마음을 다스리지 못하면 결코 성공할 수 없다. 불안감은 혼자 다니는 법이 없다. 실패, 좌절, 파산, 실연, 사고, 죽음 등과 함께 붙어 다닌다.

여섯, 숲을 보려 하지 않고 나무에 집착한다.

무슨 일을 시작할 때는 장단점을 충분히 고려해야 한다. 한 부분에 지나치게 집착해서 일을 벌여 놓으면 곧바로 난관에 부딪치게 된다.

일곱, 실패로부터 자유롭지 못하다.

실패에 발목을 잡히면 결단의 순간에 주저할 수밖에 없다. 애써 잡아

놓은 기회는 그 틈을 타서 스르르 빠져 나간다.

여덟, 위기에 몰리면 쉽게 타협한다.
위기에 몰렸을 때 타협하게 되면 유리한 협상을 할 수 없다. 제대로
된 협상을 하려면 위기를 타파한 뒤에 여유로운 마음으로 해야 한다.

아홉, 고집이 강해서 충고를 귀담아듣지 않는다.
약이 쓰다고 거부해서는 병을 고칠 수 없다. 비록 충고가 듣기 싫더
라도 귀담아 들을 필요가 있다. 앞만 보고 가는 사람은 옆과 위와 뒤
는 보지 못하는 법이다.

열, 혼자의 힘으로 모든 것을 이루려고 한다.
인간을 신뢰하지 않으면 더 이상의 성장은 어렵다. 내 일을 기꺼이
다른 사람에게 맡길 수 있어야만 더 중요한 일을 할 수 있다.

나는 왜 사소한 것에 목숨을 거는가

1판 1쇄 인쇄 2017년 12월 5일
1판 1쇄 발행 2017년 12월 10일

지은이 | 한창욱
펴낸이 | 최윤하
펴낸곳 | 정민미디어
주 소 | (151-834) 서울시 관악구 행운동 1666-45, F
전 화 | 02-888-0991
팩 스 | 02-871-0995
이메일 | pceo@daum.net
홈페이지 | www.hyuneum.com
표지디자인 | 김윤남
본문디자인 | 디자인 [연:우]

ⓒ 정민미디어

ISBN 979-11-86276-52-5 (03320)